LEGO NINJAGO
Masters of Spinjitzu

ABENTEUER SELBST GEBAUT!
DIE GRÖSSTEN DUELLE

INHALT

- 4 Hier ist Nya!
- 5 Die Gegner der Ninja
- 6 Nyas Hover-Bike
- 7 Bauanleitungen
- 14 Abenteuer selbst gebaut!
- 16 LEGO® Wissen
- 18 In der Nudelbar

KAPITEL 1: ANACONDRAI
- 22 In den Dschungel
- 24 In Deckung!
- 26 Zanes Rettung
- 28 Ninja-Teamarbeit

KAPITEL 2: GEISTERARMEE
- 32 Gruselstraße
- 34 Zielübung
- 36 Sensenlektion
- 38 Kettenchaos
- 40 Klingenduell

KAPITEL 3: LUFTPIRATEN
- 44 Entführt!
- 46 Kapitänskajüte
- 48 Dareths Befreiung
- 50 Duell an Deck
- 52 Furiose Flucht

KAPITEL 4: DIE VERMILLION
- 56 Fieser Fund
- 58 Rätsel im Kanal
- 60 Sumpfverfolgung
- 62 Böser Bau
- 64 Superschlange

KAPITEL 5: GARMADONS MOTORRAD-GANG
- 68 Maskendiebe
- 70 Markttrubel
- 72 Am Hafen
- 74 Wettlauf zum Ziel
- 76 Duell der Bikes

COOLE NINJA-KLUFT, ODER?

HIER IST NYA!

Nya ist eine von sechs Ninja, die Ninjago City vor dem Bösen schützen. Mit schlauem Kopf und großem Mut ist Nya ein wichtiges Team-Mitglied. Sie weiß, dass man nicht nur als Junge Ninja werden kann, und will das auch unbedingt beweisen.

Tenogui-Stirnband

Gekreuzte Obi-Schärpe

Kyahan-Gamaschen

Tabi-Stiefel

DIE NINJA

Die sechs Ninja sind Nya, Meisterin des Wassers, Nyas Bruder Kai, Meister des Feuers, Lloyd, Meister der Energie, Cole, Meister der Erde, Jay, Meister der Blitze, und Zane, Meister des Eises. Sie sind alle Experten in der Kunst des Spinjitzu.

DIE GEGNER DER NINJA

Die Ninja haben viel erlebt. Sie blicken stolz auf ihre Siege zurück, aber es gibt auch Schurken, die sie am liebsten vergessen würden. Jedes Mal finden sie mehr übereinander und über sich selbst heraus. Vielleicht erzählen sie deshalb so gerne von ihren Einsätzen!

DIE ANACONDRAI
Die schlängelnden Anacondrai waren der schrecklichste der fünf Schlangenstämme, die einst über die Insel Ninjago herrschten. Ihr Anführer Pythor kehrte aus der Verbannung zurück, um die Anacondrai neu zu beleben und die Welt zu erobern.

WIR GEISTERN WEITER!

DIE GEISTERARMEE
Die gruselige Geisterarmee entkam aus dem Verfluchten Reich. Sie wollten Ninjago genauso schrecklich machen wie ihre Spukheimat und nisteten sich dazu im Verstand von Menschen ein. Sie sorgten für Angst in der Stadt Stiix.

ICH WERDE MICH RÄCHEN!

DIE LUFTPIRATEN
Kapitän Nadakhan trickste seine Mannschaft aus, damit sie ihm diente. Als er es den Ninja heimzahlen wollte, weil sie unabsichtlich seiner Heimat den Untergang gebracht hatten, mussten die Luftpiraten wohl oder übel mitmachen.

DIE VERMILLION
Die Vermillion schlüpften aus den Eiern einer Monsterschlange. Sie waren gleichzeitig Menschen und Schlangenschwärme! Unter der Herrschaft der bösen Zeitzwillinge wollten sie alles verschlingen, was ihnen im Weg war.

GARMADONS MOTORRAD-GANG
Die Motorrad-Gang ist die neueste Bedrohung in Ninjago City. Die skrupellosen Motorradfahrer sind auf der Suche nach drei uralten Oni-Masken. Sobald sie die drei Masken haben, wollen sie damit ihr Idol Lord Garmadon wiederbeleben!

UNSERE ZEIT KOMMT WIEDER.

NYAS HOVER-BIKE

Die Meisterin des Wassers fährt ein Motorrad, das dahinrauscht wie ein reißender Fluss oder schwebt wie Nebelschwaden! Im Fahrmodus wirken die Reifen wie ein Wasserfall, im Schwebemodus wirbeln sie wie Wasserstrudel.

Nya steht am Steuer.

Platz für zwei Katana-Schwerter

Schleudere mit den Shootern runde 1x1-Kacheln.

Die glatte Platte wird im Schwebemodus zur Trittfläche.

Reifen im Fahrmodus zusammengeklappt

SCHWIRR AB!

SCHWEBEMODUS

Stellt Nya ihr Bike auf den Schwebemodus um, klappen die beiden Räder auf und werden zu vier Anti-Schwerkraft-Kissen! Über Wasser verfolgt sie rasch jeden Gegner, wohin er sich auch wendet!

Reifen im Schwebemodus

BAUANLEITUNGEN

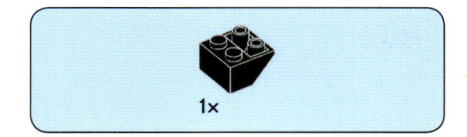

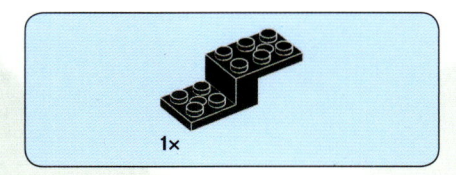

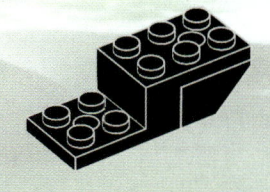

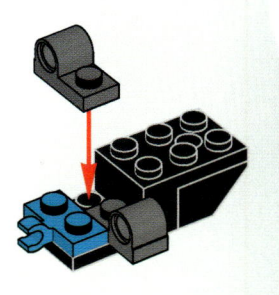

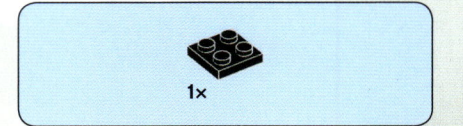

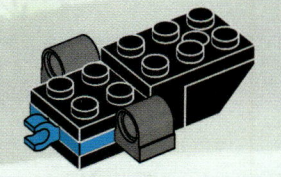

1

2

3

4

5

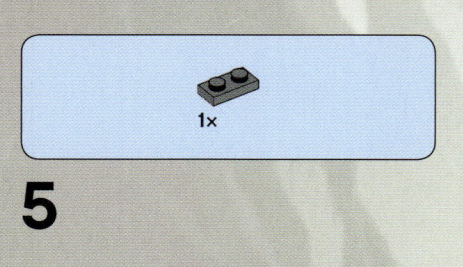

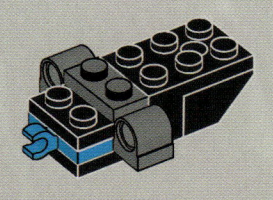

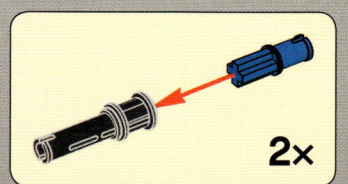

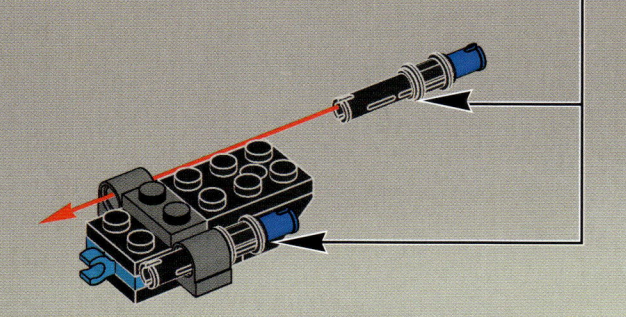

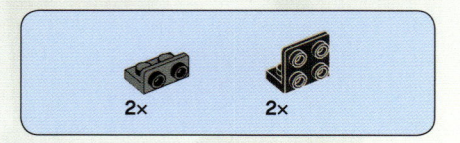

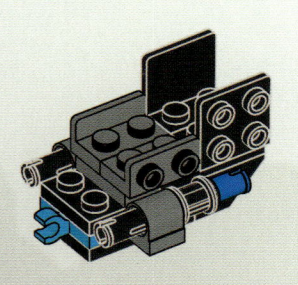

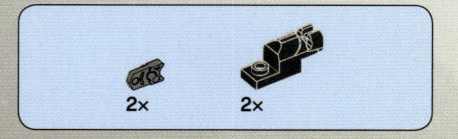

1×

6

2× 2×

7

2× 2×

8

2× 2×

2×

2×

9

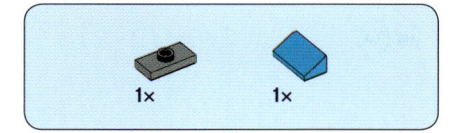

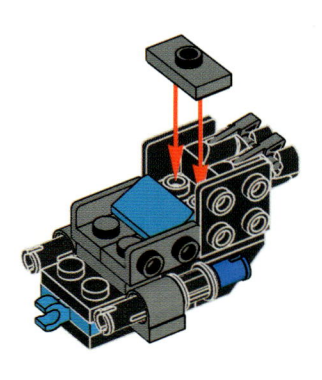

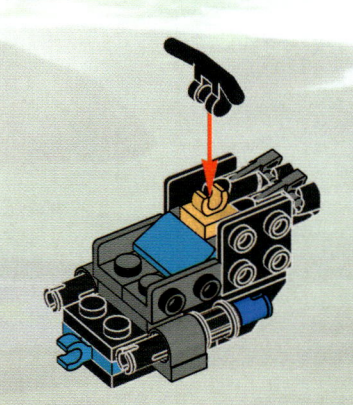

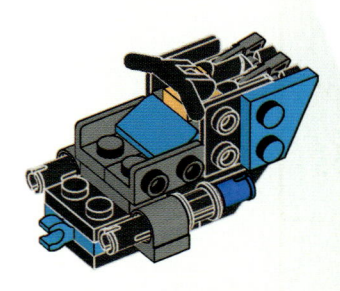

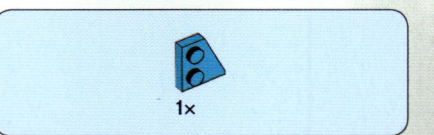

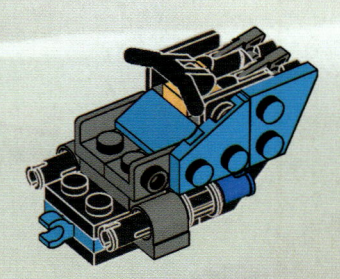

10

11

12

13 1x

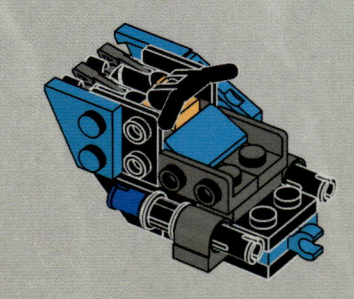

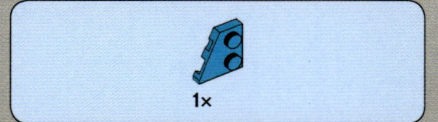

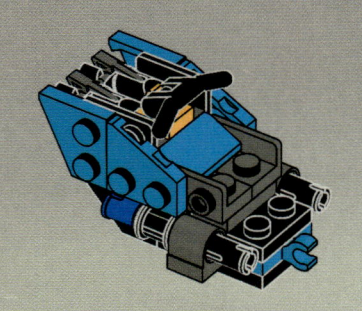

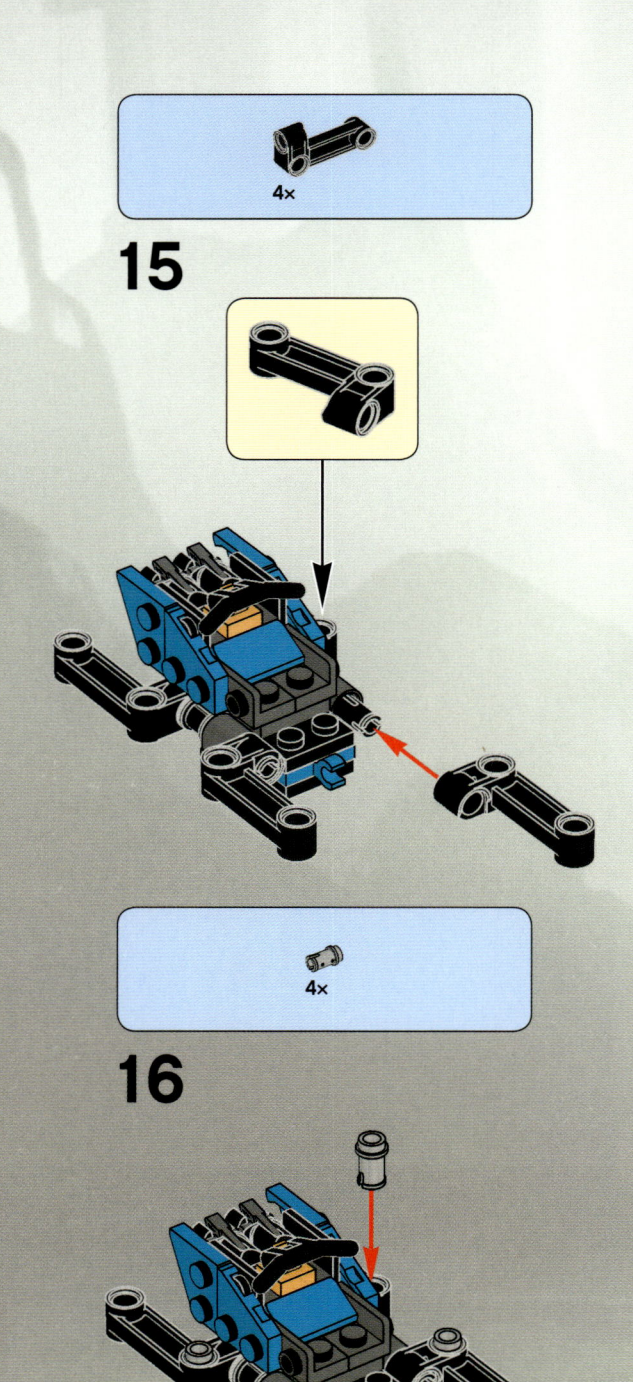

14 1x

15 4x

16 4x

17
1× 1×

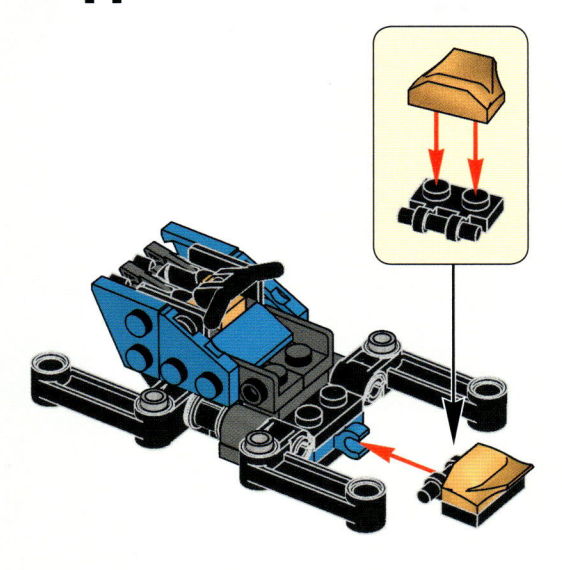

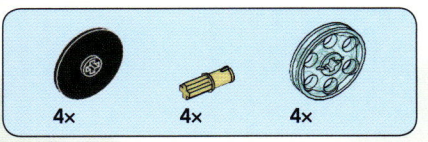

18
4× 4× 4×
1 2 4×

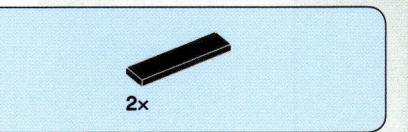

19
2×

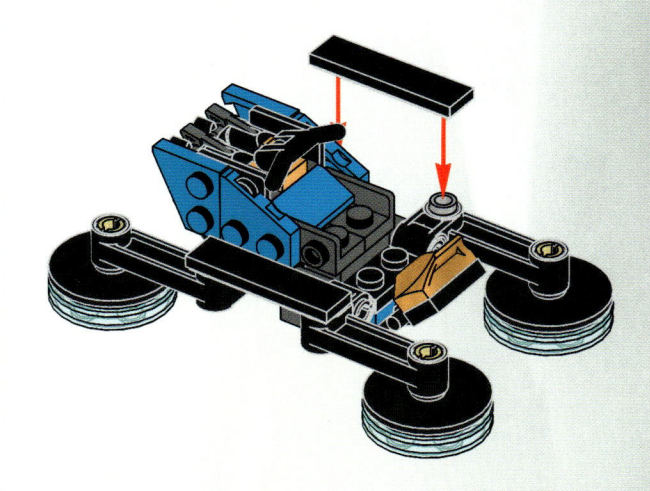

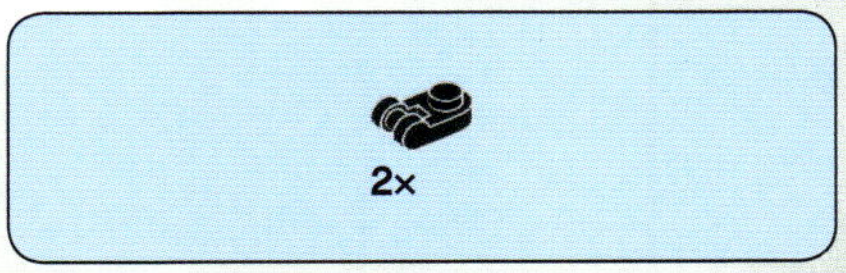

20
2×

11

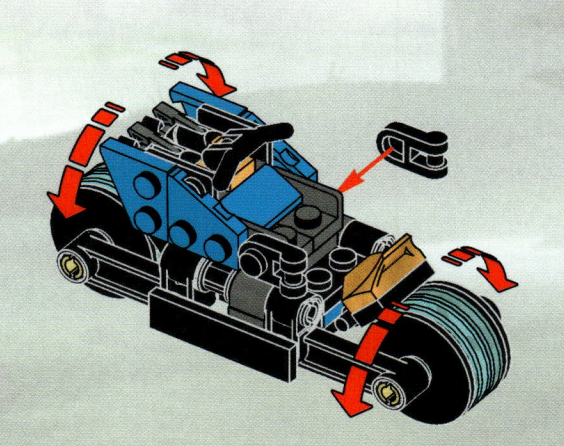

21

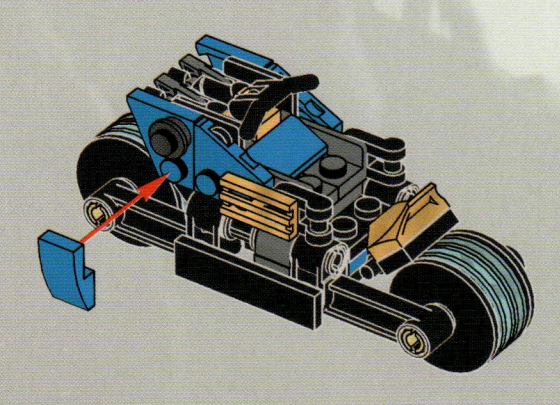

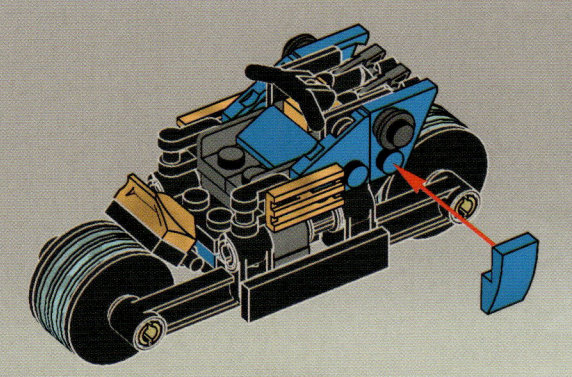

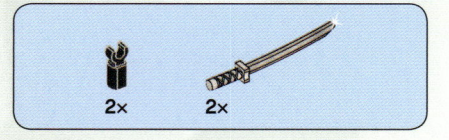

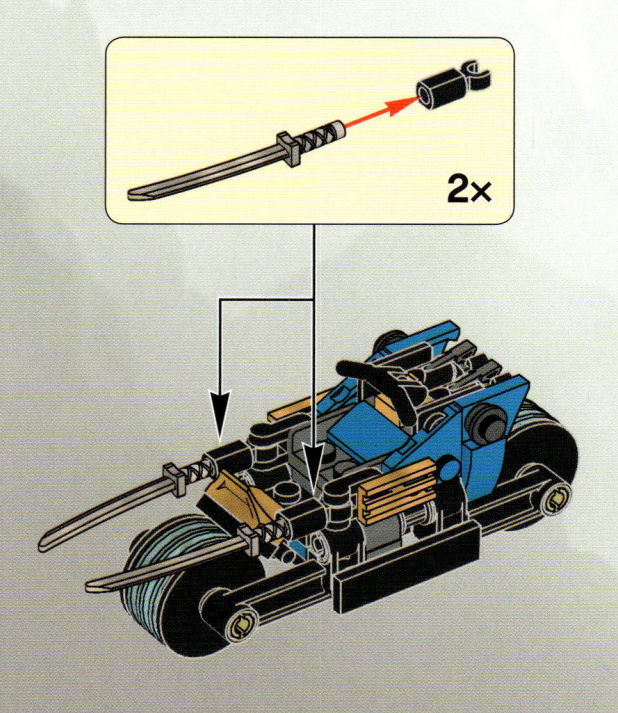

22

23

2×

12

24

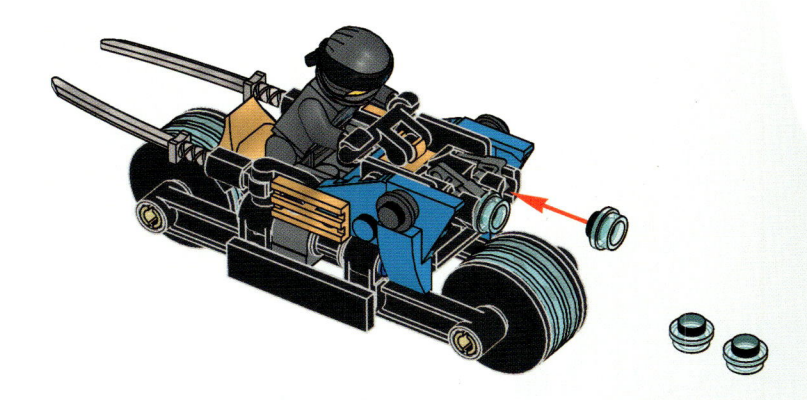

4×

ABENTEUER SELBST GEBAUT!

In diesem Buch erwartet dich ein aufregendes LEGO® NINJAGO® Abenteuer. Außerdem findest du tolle Ideen für LEGO NINJAGO Modelle, um dich zum Weiterbauen anzuregen. Es macht richtig Spaß, ganz eigene LEGO Modelle zu bauen. Deiner Fantasie und Kreativität sind dabei keine Grenzen gesetzt. Es ist dein Abenteuer, also stürze dich hinein und baue los!

SEI KREATIV!

ÜBER DIESES BUCH

Dieses Buch gibt dir keine genauen Bauanleitungen, da du wahrscheinlich nicht alle verwendeten Steine in deiner Sammlung hast. Dafür zeigt es hilfreiche Bautipps und Modellbeispiele, die nützlich beim Bau eigener Modelle sind und dich auf neue Ideen bringen. Und so geht's …

- Manchmal werden mehrere Ansichten eines Modells gezeigt.
- „Was kannst du noch bauen?" liefert Ideen für weitere Modelle, die du bauen könntest.
- In ihre Einzelteile zerlegte Modelle bieten nützliche Bautipps.
- Besondere Eigenschaften oder Elemente werden erläutert.

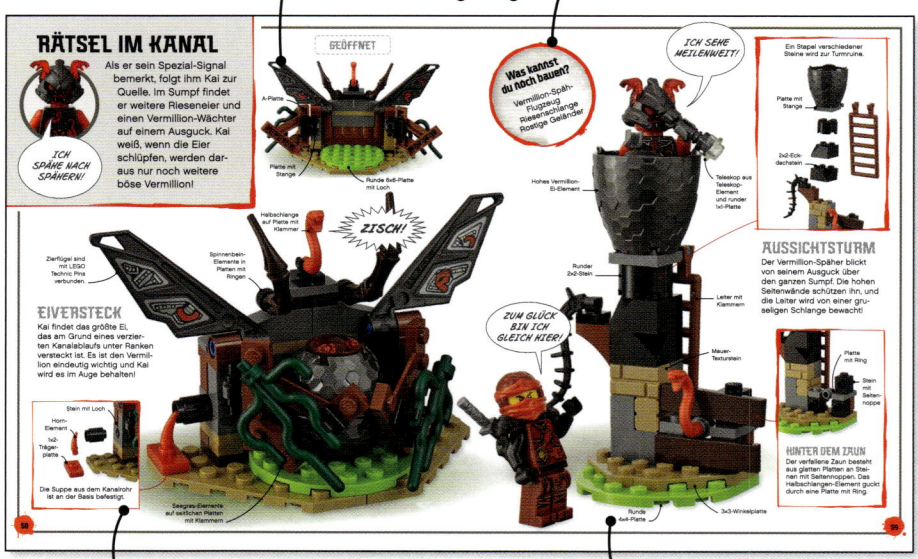

HALLO, ICH BIN BARNEY MAIN!

ICH BIN DER BAUMEISTER

Barney Main ist LEGO Fan und ein Superbaumeister, der die LEGO Modelle in diesem Buch konstruiert hat. Damit die Modelle in die Ninjago-Welt passen, entstanden sie zusammen mit dem LEGO NINJAGO Team bei der LEGO Gruppe in Billund (Dänemark). Barneys Modelle sind ein guter Ansporn zum Bau eigener Werke. Leg los!

FROHES BAUEN!

BEVOR ES LOSGEHT

Hier sind fünf praktische Tipps, die dir helfen, wenn du dich mit deinen Steinen ans Werk machst.

Ordne deine Steine
Steine nach Farbe und Form zu sortieren, spart dir Zeit beim Bauen.

Sorge für Stabilität
Ein Modell muss robust sein, um damit spielen zu können. Wie man ein stabiles Modell baut, erfährst du in diesem Buch.

Sei kreativ
Findest du nicht den passenden Stein, sei kreativ! Suche einfach nach einem anderen Stein mit ähnlicher Funktion.

Nachforschung
Sieh dir zur Anregung für deine Bauideen Bilder in Büchern oder im Internet an.

Spaß haben
Mach dir nichts draus, wenn ein Modell nicht gleich gelingt. Baue es um oder fange neu an. Das Bauen ist der Spaß!

LEGO WISSEN

BAUEN WIR LOS!

Wusstest du, dass LEGO® Baumeister ihre eigene Sprache haben? Ausdrücke, die du häufig in diesem Buch lesen wirst, werden hier erklärt.

KACHEL
Soll dein Modell glatte Oberflächen haben, brauchst du Kacheln. Bedruckte Kacheln verleihen Modellen besondere Details.

- 2×2-Kachel
- 1×6-Kachel
- 2×2-Kachel mit Pin
- Bedruckte 1×1-Kachel
- 2×3-Schild-Kachel

NOPPE
Die runden Erhöhungen auf Steinen und Platten heißen Noppen. Ketten haben an jedem Ende eine Noppe. Die Noppen passen in „Röhren" auf der Unterseite von Steinen und Platten.

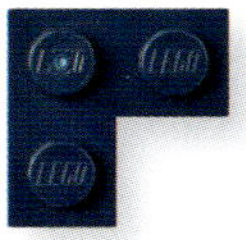

- 2×2-Eckplatte 
- Kette

ELEMENTE
Baumeister beschreiben die Größe eines LEGO Elements anhand der Noppenanzahl. Ist ein Stein 2 Noppen breit und 3 Noppen lang, dann ist es ein 2×3-Stein. Bei hohen Elementen kommt eine dritte Zahl für die Höhe hinzu.

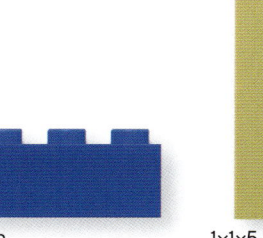

- 2×3-Stein
- 1×1×5-Stein

KLAMMER
Manche Elemente besitzen Klammern, die andere Elemente fassen können. Leitern lassen sich mit den Klammern an Stangen befestigen.

- 1×1-Platte mit senkrechter Klammer
- 1×1-Platte mit waagerechter Klammer
- 2×3-Kachel mit Klammern 
- Leiter mit zwei Klammern

LOCH
Steine und Platten mit Löchern halten Stangen oder LEGO® TECHNIC Pins oder Verbinder.

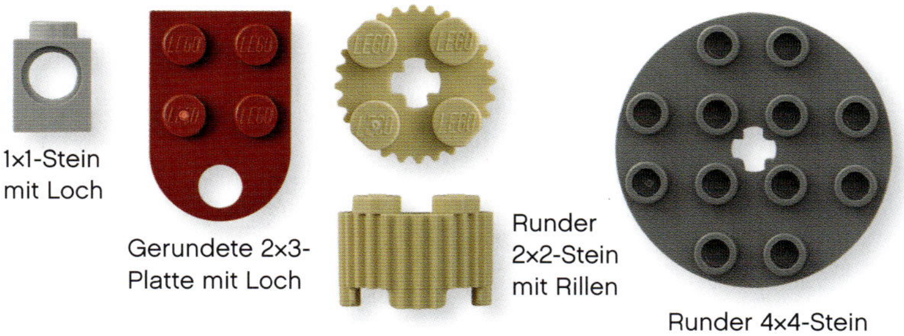

- 1×1-Stein mit Loch
- Gerundete 2×3-Platte mit Loch
- Runder 2×2-Stein mit Rillen
- Runder 4×4-Stein

SEITWÄRTS BAUEN
Manchmal muss man in zwei Richtungen bauen. Dazu braucht man Steine oder Platten, die an mehr als nur einer Seite Noppen haben.

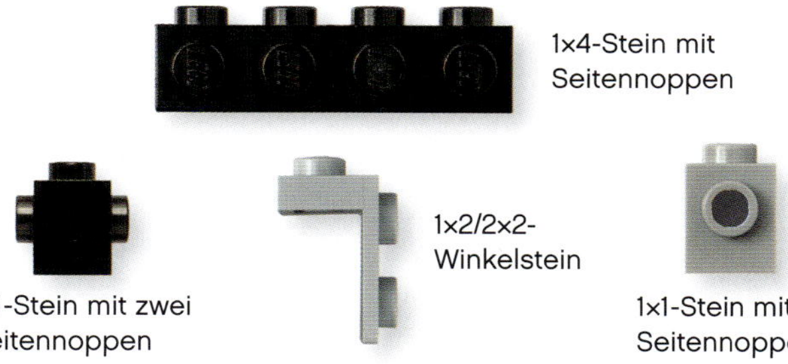

- 1×4-Stein mit Seitennoppen
- 1×1-Stein mit zwei Seitennoppen
- 1×2/2×2-Winkelstein
- 1×1-Stein mit einer Seitennoppe

STEIN

Was würde ein Baumeister ohne Steine anfangen? In vielen Formen und Größen sind sie die Grundlage für fast jedes Modell.

2×2-Stein

1×2-Texturstein

1×1-Scheinwerferstein

2×2-Halbkugelstein

Gerillter 1×2-Stein

Runder 1×1-Stein

PLATTE

Wie Steine haben Platten oben Noppen und unten Röhren. Platten sind dünner als Steine – drei Platten aufeinander entsprechen einem Standardstein.

3 Platten = 1 Stein

1×2-Trägerplatte

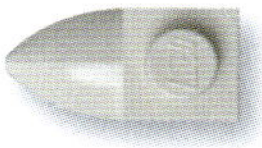

1×1-Zahnplatte

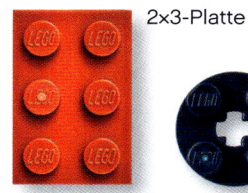

1×8-Platte mit Seitenschiene

2×3-Platte

Runde 2×2-Platte

2×4-Winkelplatte

Runde 1×1-Platte

1×2-Platte mit Ring oben

SPEZIAL-ELEMENTE

Spezial-Elemente ermöglichen Effekte oder verbinden das Modell mit einer LEGO Themenwelt.

1×1-Dachstein

Felsiger 4×4-Winkeldachstein

Gewinkelter 4×4-Dachstein

Gerundete 4×4-Platte

Runde 4×4-Platte

4×4×1-Viertelkreis

1×4×2-Zaun

Bedruckte 4×4-Radarschüssel

DACH

Dachsteine sind an der Basis breiter als oben. Bei umgekehrten Dachsteinen ist es andersherum. Sie sind unten schmaler und oben breiter.

1×2-Dachstein

Umgekehrter 1×2-Dachstein

GELENK

Soll ein Dach aufklappbar sein oder ein Tier einen beweglichen Schwanz haben, brauchst du Gelenke oder Kugelgelenke.

1×2-Gelenkstein und 1×2-Gelenkplatte

1×2-Gelenkstein und 2×2-Gelenkplatte

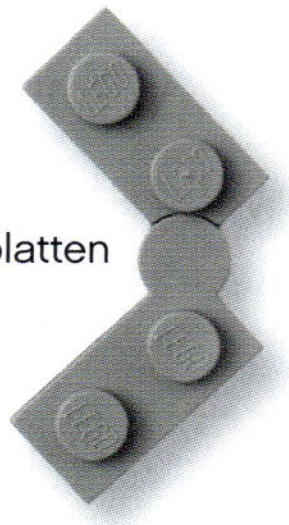

Gelenkplatten

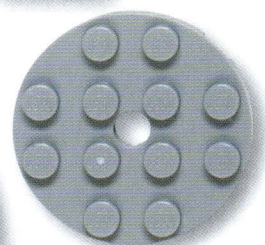

Kugelgelenk-Fassung

Gelenkzylinder

2×2-Stein mit Kugelgelenk

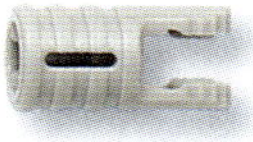

1×2-Platte mit Klickgelenk

17

IN DER NUDELBAR

Die Ninja haben eine Oni-Maske gefunden, die ihre Gegner nicht in die Finger bekommen dürfen. Sie feiern den Fund in ihrem Lieblingsnudelladen in Ninjago City. Während sie mampfen, erzählen sie sich Geschichten von ihren aufregendsten Abenteuern.

OK, LEUTE, ERZÄHLT WAS!

- Umgekehrter Halbkugelstein
- Die Tischsets sind runde Kacheln mit Löchern.
- Jedes Bein ist ein kleiner runder Tisch.
- Schüssel und Teller passen auf Tischsets aus runden Kacheln mit Loch.

RESTAURANT-SITZE

Die Ninja treffen sich an ihrem Lieblingstisch, an dem sie alle sechs Platz finden. Sie tauschen am großen Tisch voller Teller, Schüsseln und Eisbecher ihre Geschichten aus!

DAMALS HABE ICH DOCH …

HÖRT EUCH AN, WIE ICH …

1×1-Dachstein

Was kannst du noch bauen?
- Wasserspender
- Roboterkellner
- Sushi-Platte
- Barhocker

EMPFANGSTRESEN

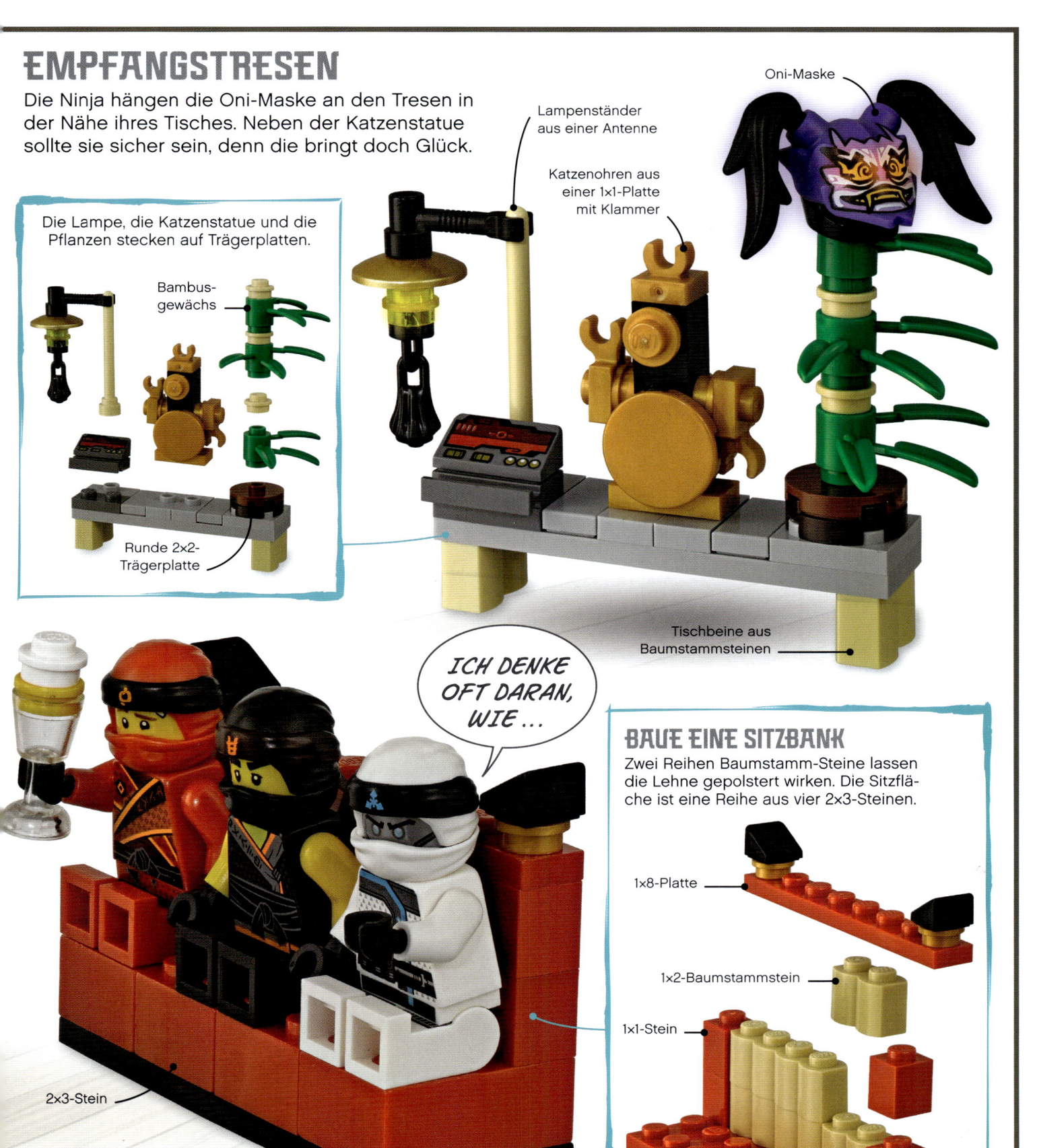

Die Ninja hängen die Oni-Maske an den Tresen in der Nähe ihres Tisches. Neben der Katzenstatue sollte sie sicher sein, denn die bringt doch Glück.

Die Lampe, die Katzenstatue und die Pflanzen stecken auf Trägerplatten.

- Bambusgewächs
- Runde 2×2-Trägerplatte
- Lampenständer aus einer Antenne
- Katzenohren aus einer 1×1-Platte mit Klammer
- Oni-Maske
- Tischbeine aus Baumstammsteinen

ICH DENKE OFT DARAN, WIE ...

BAUE EINE SITZBANK

Zwei Reihen Baumstamm-Steine lassen die Lehne gepolstert wirken. Die Sitzfläche ist eine Reihe aus vier 2×3-Steinen.

- 1×8-Platte
- 1×2-Baumstammstein
- 1×1-Stein
- 2×3-Stein
- 2×8-Platte
- 1×8-Platte

19

SCHÖN HABT IHR ES EUCH HIER GEMACHT!

SCHICKE HOSE!

KAPITEL 1:
ANACONDRAI

SCHICKER KOPFSCHMUCK!

LLOYD UND ICH HATTEN UNSEREN MUTIGSTEN EINSATZ!

IN DEN DSCHUNGEL

Lloyd und Zane erzählen, wie sie die Anacondrai im Dschungel vertrieben haben. Die Geschichte beginnt, als Lloyd die Basis der Anacondrai sucht und in eine Treibsand-Falle gerät! Die Anacondrai bemerken ihn und hauen schnell in ihren flinken Fliegern ab …

DOOFE NINJA!

VON OBEN

LEGO® Technic Achsen gleiten heraus und die Kacheln fallen runter.

Lass eine Aussparung in der Basis, durch die die Kacheln fallen können.

MIT MIR GEHT'S ABWÄRTS!

Knochen-Element auf einem 1×2-Stein mit Klammer

Pflanzen verstecken die Falle.

Die glatten Kacheln werden nicht befestigt.

TREIBSAND

Auf dieser tückischen Sandfalle steht Lloyd sicher – bis du das Element herausziehst, das den Sand hält! Drei hellbraune Kacheln oben sind jederzeit zum Absturz bereit!

2×4 LEGO Technic Platte

1×4 LEGO Technic Stein

Vier Platten bilden die Basis.

Achsenende steckt in LEGO Technic Stein.

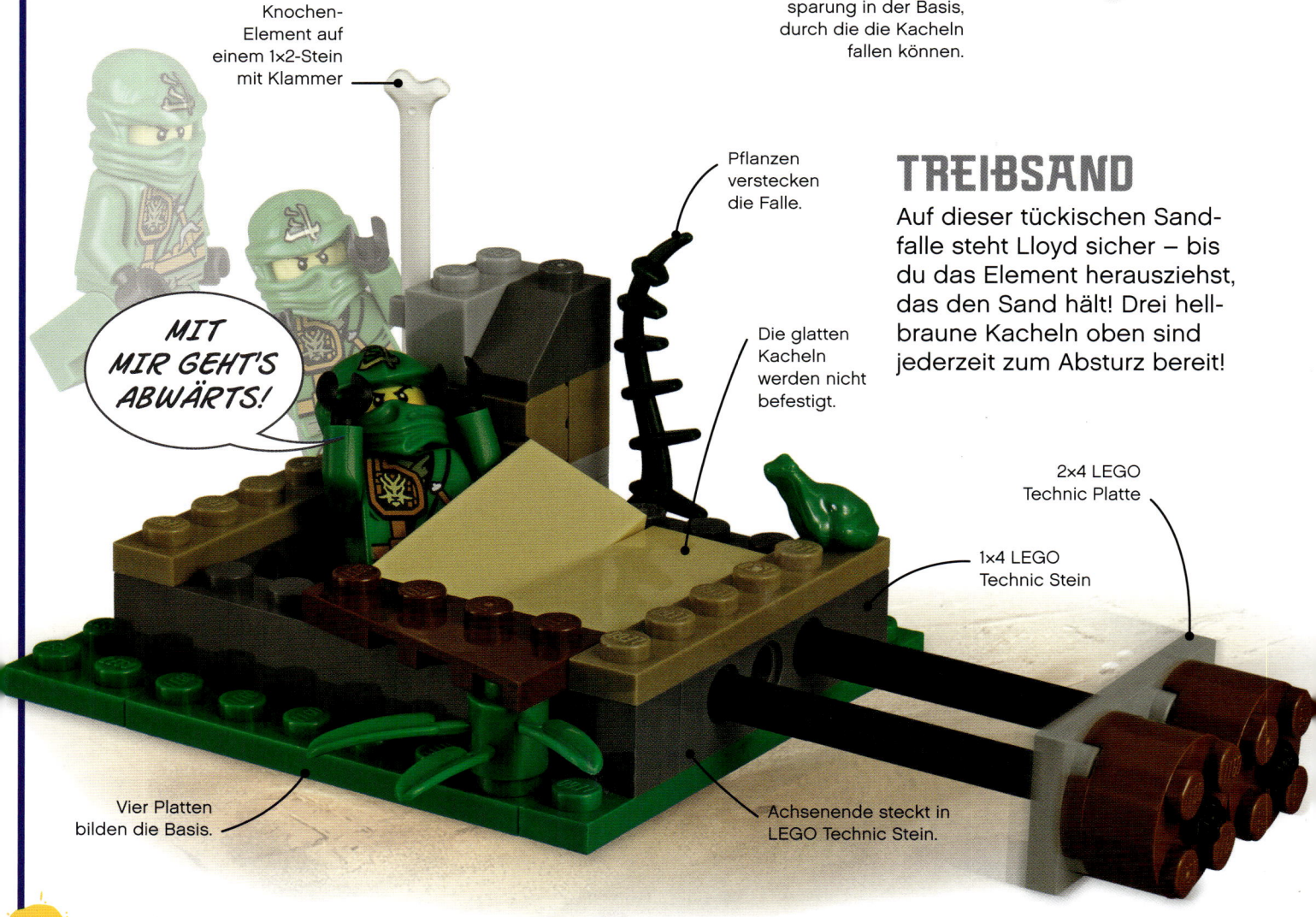

DREHKRAFT

Die Propellerblätter kommen aus einer Kurbel. Diese steckt auf einer 2×2-Kachel mit einem Verbinder in der Mitte.

- Kurbel
- 1×1-Kegelstein auf einer Kurbel
- 2×2-Kachel mit Pin

Was kannst du noch bauen?
- Katapult
- Dschungel-Wachturm
- Schädel-Trainingsplatz

- Heck aus langem Horn auf einem umgekehrten Skelett-Oberkörper
- Raketen stecken in Platten mit Ringen oben.
- Schwerter stecken auf Kegelsteinen.

SCHWIRR AB!

- Geweih auf einer Platte mit Klammer

REISSZAHNFLIEGER

Halb Hubschrauber, halb Schlange, zischt dieses gruselige Fluggerät mit Schwertrotoren durch den Himmel. Mitten in der Luft kann es sich umwandeln und Raketen starten.

- Klickgelenke verbinden die schrägen Teile.
- Rote, runde, transparente Platten ergeben böse Augen.
- Zähne aus Hörnern auf Platten mit waagerechten Klammern
- Runde Platten mit Loch als Klapperschlangenschwanz
- Shooter steckt auf Roboterarm-Element.
- Basis aus einer Platte mit einem Ring aus Stangen

HOVER-BIKE

Mit diesem wehrhaften kleinen Schwebegefährt kann man sich schnell vom Acker machen! Der Fahrer sitzt zwischen dem Shooter auf einem Schlangenhals und dem langen Schwanz.

IN DECKUNG!

IHR ENT-SCHLÄNGELT MIR NICHT!

Mit all seiner Kraft befreit Lloyd sich aus dem gefährlichen Treibsand und springt in seinen Klingen-Buggy. Er verfolgt die Anacondrai und holt sie schließlich auf einer Dschungellichtung ein. Als es Raketen hagelt, weiß er, dass er ihre Basis fast gefunden hat!

VON UNTEN

Auf der glatten Platte gleitet das Fahrzeug dahin.

LLOYDS KLINGEN-BUGGY

Lloyd kann auf seinem Turbo-Zweirad durch das Unterholz des Dschungels heizen. Das riesige kreisende Sägeblatt macht den Weg zu den Anacondrai frei – und sorgt dafür, dass sie sich fernhalten!

Auspuff aus zwei Felgen-Elementen hintereinander

HIER MÄHE ICH!

Auspuffrohre auf Platten mit Stangen, die auf Platten mit Klammern stecken

Das Sägeblatt kreist auf einer 2×2-Kachel mit Pin.

Rundes Säge-Element

2×2-Kachel mit Pin

Die Katanas stecken schräg auf Gelenkplatten.

DSCHUNGEL-PFLANZEN

Hohe Bäume und Ranken wachsen auf der Lichtung. Auch wenn die Anacondrai sich im Unterholz verstecken, wird sich der Klingen-Buggy davon nicht aufhalten lassen!

Was kannst du noch bauen?
- Ninja fressende Pflanzen
- Riesenblumen
- Bewachsene Ruinen
- Dschungel-Baumhaus

Umgedrehtes Seegras in einem Laub-Element bildet Ranken.

Runde Steine im Wechsel mit Bambuspflanzen

ICH SCHAUE NACH UNSEREM GAST...

Radarschüsseln als stabile Basis für hohe Bäume

Raketen aus LEGO Technic Halb-Pins mit Stangen

Raketenhalterung aus LEGO Technic Liftarm

ALLES BEREIT!

Schlangenhelm auf einer Pflanze als Warnung!

RAKETENHALTERUNG

Starte als Erstes die unterste Rakete. Die Basis des Modells ist innen hohl, damit der Behälter ins Innere rutschen kann, sobald man die Raketen startet.

Stein mit Seitennoppe

Die Seiten sind aus sechs 1×3-Steinen.

RAKETENRAMPE

Die Anacondrai haben den ganzen Dschungel befestigt, unter anderem mit dieser Raketenanlage. Daraus starten rasch hintereinander vier Raketen – alle in der gleichen Höhe, während der Behälter sinkt.

25

ZANES RETTUNG

Lloyd weicht den Raketen aus und erreicht das Versteck der Anacondrai, wo er den gefangenen Zane findet! Mit seinem Klingen-Buggy holt er Zanes Käfig herunter, der auf dem Boden zerbricht. Zane ist frei und kann Lloyd gegen die Anacondrai beistehen.

WO WARST DU DENN?

ZANES KÄFIG

Selbst der mächtige Zane kommt aus dem knochigen Kerker nicht frei! Klammern halten ihn fest zusammen, und er hängt an einer hohen, robust wirkenden Säule.

- Kurze LEGO Technic Achse
- Achsen-Verbinder
- Stein mit Kreuzloch
- Klauen-Element

BAU-TIPP
Baue einen robusten Balken aus kurzen LEGO Technic Achsen und Achsen-Verbindern, um den Käfig zu tragen.

Ein Ende eines Ketten-Elements steckt oben an der Säule.

- 2×2×3-Stein
- 1×2-Platte
- 1×2-Kachel

Die Säule steckt an nur zwei Noppen und ist schmal, sodass sie leicht umfällt.

HÄNGEN WIR AB?

Käfig aus langen Knochen und Droiden-Arm-Elementen

SCHWING DICH!

Schloss aus bedrucktem Stein auf einer Platte mit Klammer

Säge des Klingen-Buggys

Gerundete Platten

ANACONDRAI-VERSTECK

Tief im Dschungel liegt die giftige, tückische Basis der Anacondrai. Sie ist voller Spezialausrüstung, die nur die besten Anacondrai benutzen dürfen.

VON HINTEN

Dachsteine sorgen für einen interessanten Umriss.

Violette Platten sichern Säulen aus runden Steinen.

Ein 2×10-Stein bildet ein starkes Dach.

Ein Bogen wird zum Geheimversteck!

Zahnteile stecken auf Scheinwerfer-Steinen.

Baue aus Klein-Elementen einzigartige Ausrüstung.

- Knochen-Element
- 1×1-Platte mit Klammer
- Trägerplatte

Runde Textursteine wirken wie Bambusholz.

Bambuspflanze

Grauer 1×1-Kegel

Was kannst du noch bauen?
- Schädellager
- Boxsack
- Hantelbank

NINJA-TEAMARBEIT

Zane bedankt sich bei Lloyd, dann planen sie, wie sie den Anacondrai eine Lektion erteilen könnten. Sie wollen den Schurken Fallen stellen. Und es funktioniert! Einer endet im riesigen Spinnennetz und ein anderer verheddert sich. Teamarbeit macht's möglich!

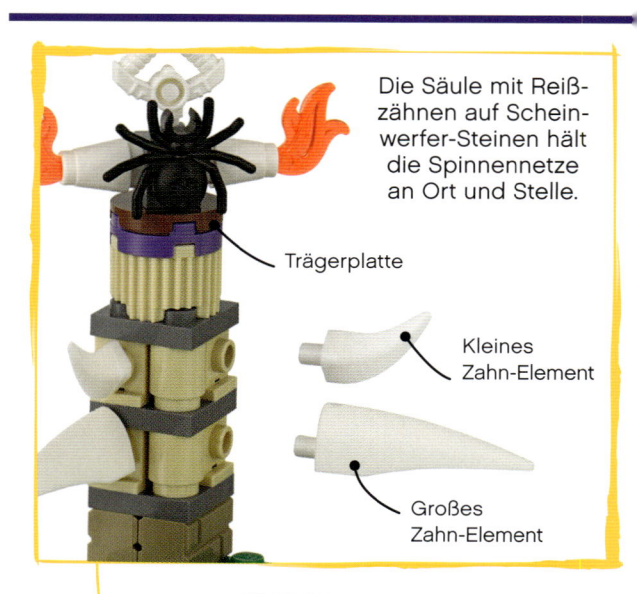

ICH HABE EINE IDEE!

Die Säule mit Reißzähnen auf Scheinwerfer-Steinen hält die Spinnennetze an Ort und Stelle.

- Trägerplatte
- Kleines Zahn-Element
- Großes Zahn-Element

SPINNENFALLE

Die Anacondrai verstehen sich bestens mit Krabbeltieren und haben den großen Dschungelspinnen beigebracht, ihre Gegner in riesigen Netzen zu fangen. Aber darin kann man auch Anacondrai fangen!

- Schädelskulptur aus dem Griff eines Dschinn-Schwerts

ICH BIN KEIN INSEKT!

Horn-Elemente auf Platten mit Klammern

Auf einer glatten Oberseite aus Kacheln liegt der Deckel locker.

Große Netz-Elemente an 1x2-Platten mit Klammern

ALTES GRAB

Schau mal in dieses Grab und du findest dich einem gruseligen Skelett gegenüber! Lloyd befreit den knochigen Kerl sofort, damit er die Anacondrai-Basis zerlegt. Die Schurken sind so überrascht, dass sie direkt in die Fallen laufen.

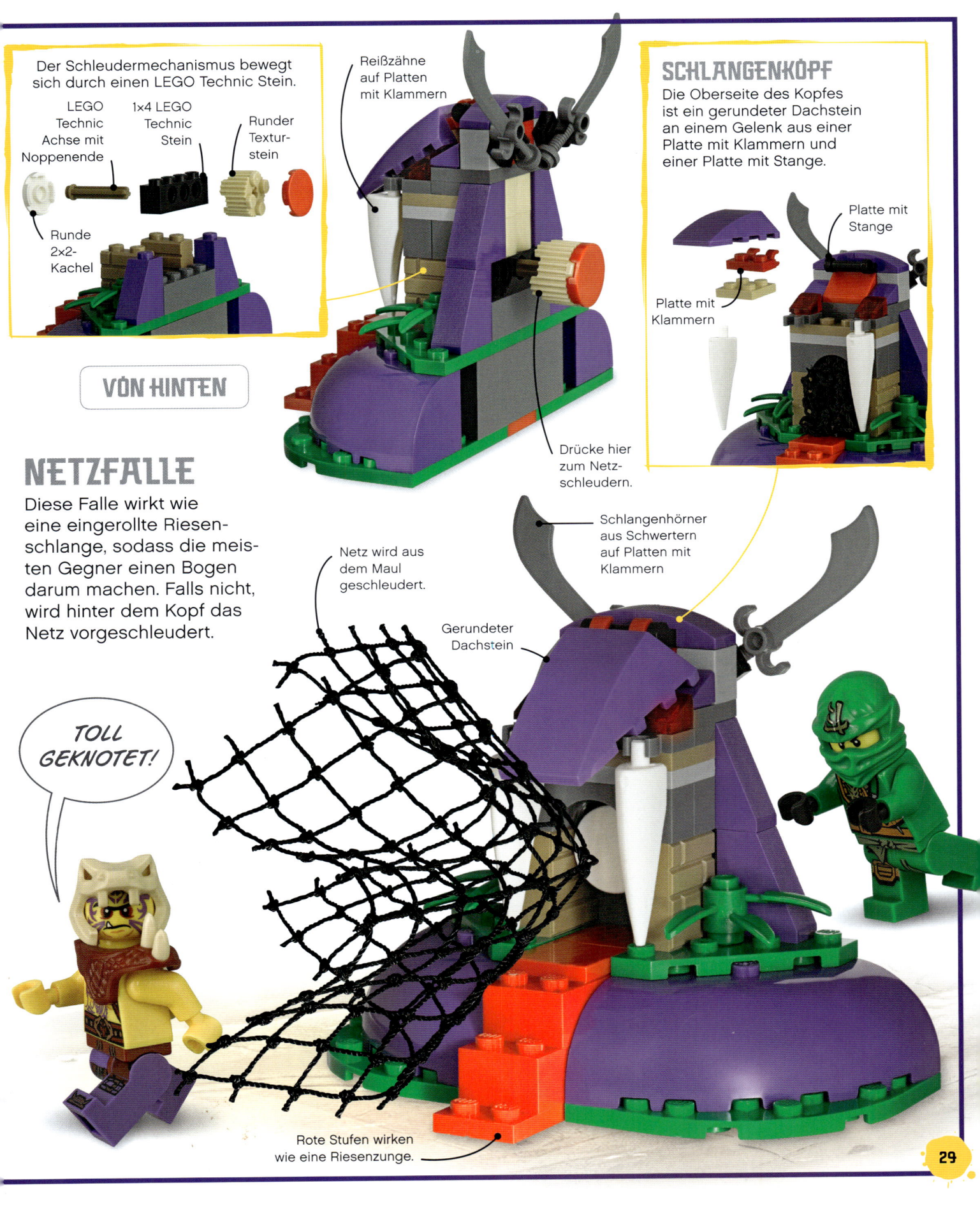

Der Schleudermechanismus bewegt sich durch einen LEGO Technic Stein.

LEGO Technic Achse mit Noppenende

1×4 LEGO Technic Stein

Runder Texturstein

Runde 2×2-Kachel

Reißzähne auf Platten mit Klammern

SCHLANGENKOPF
Die Oberseite des Kopfes ist ein gerundeter Dachstein an einem Gelenk aus einer Platte mit Klammern und einer Platte mit Stange.

Platte mit Stange

Platte mit Klammern

VON HINTEN

Drücke hier zum Netzschleudern.

NETZFALLE
Diese Falle wirkt wie eine eingerollte Riesenschlange, sodass die meisten Gegner einen Bogen darum machen. Falls nicht, wird hinter dem Kopf das Netz vorgeschleudert.

Netz wird aus dem Maul geschleudert.

Schlangenhörner aus Schwertern auf Platten mit Klammern

Gerundeter Dachstein

TOLL GEKNOTET!

Rote Stufen wirken wie eine Riesenzunge.

29

GRRAH!

EIS MIT GÄNSEHAUT!

KAPITEL 2:
GEISTERARMEE

WAS FÜR EIN GRUSELWAGEN!

NICHT SO GRUSELIG WIE ICH ...

BEI MEINEM GRÖSSTEN DUELL SPUKT ES!

GRUSELSTRASSE

Als Nächstes erzählt Cole. Er erinnert sich, wie er ohne Hilfe gegen die Geister aus der Verfluchten Welt antrat ... Alles begann eines Nachts in einem vergessenen Winkel von Ninjago City, wo ihn eine seltsame Stimme aus der Nähe eines verlassenen Ladens rief.

WER MAG GRUSEL-GESCHICHTEN?

Das Dach wird auf einen Gelenkstein gebaut, gestützt von hohen Dachsteinen.

1×2-Gelenkstein und 2×2-Gelenkplatte

Hoher Dachstein

Schräger 4×4-Dachstein

TOR

Auf dieser leeren Einkaufsstraße steht ein großes Tor. Früher war hier viel los, bis die Gerüchte über Geister alle vertrieben. Cole geht am Tor vorbei, als er etwas Seltsames hört.

Diese Laterne wird um einen Stein mit Seitennoppen gebaut.

1×1-Stein mit Seitennoppen

1×1-Stein

Dach aus drei Winkelplatten

Zierschwerter auf Platten mit Klammern oben

Schrift von Nummernschild-Sticker auf einer 1×4-Platte

TRITT EIIIN, COLE!

2×2-Trägerplatte

Zierschwerter stecken in Kegelsteinen.

VERLASSENER LADEN

Diese schaurige Ladenfront steckt voller Details. Schräge Dachsteine lassen sie gruselig und ungepflegt wirken.

VON HINTEN

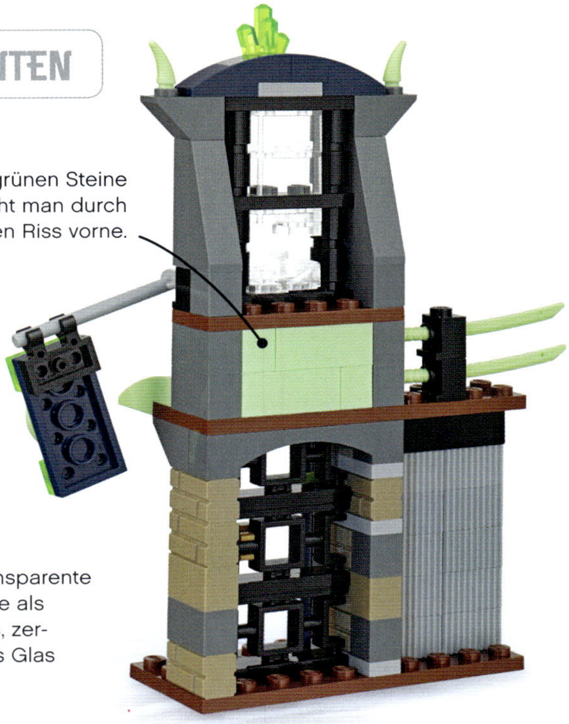

Horn-Elemente stecken oben auf umgekehrten Dachsteinen.

Transparentes Kristall-Element

Diese grünen Steine sieht man durch den Riss vorne.

Umgekehrter 1×3-Dachstein und 1×2-Dachstein als großer Mauerriss

Kleine transparente Dachsteine als gezacktes, zerbrochenes Glas

L-förmige Stange auf einem Stein mit Seitennoppe

Platte mit Klammern

2×4-Platte

Bringe das Schild schief an, damit es kaputt aussieht.

Eine seitliche Platte mit Klammer als Vorhängeschloss

Graue Textursteine als geschlossene Ladenfront

Die versperrte Tür ist aus drei Zaun-Elementen.

WER IST DA?

ZIELÜBUNG

Als Cole mutig durch den gruseligen Eingang geht, gelangt er in einen Ninja-Trainingsraum, wie er noch nie einen gesehen hat. Dieses Dojo wurde von Geistern gebaut, um ihn zu prüfen. Als Erstes muss er sich dem Seelenschützen in einem Wettbewerb stellen!

G-G-G-GEISTER!

Was kannst du noch bauen?
- Blechdosen-Ziele
- Ziele für Ringwürfe
- Flammende Ziele
- Katapult

DIREKT IN DIE MITTE
Der Feder-Shooter wird mit Trägerplatten fest angebracht. Man löst ihn aus, indem man das Geschoss nach unten drückt, sodass es wegschnellt.

- 1x1-Ringplatte
- 1x3-Kachel
- Geschoss im Feder-Shooter
- Reihe aus 1x2-Trägerplatten

PFEILWAGEN
Cole muss die Ziele mit der Kanone treffen. Sie ist um einen federunterstützten Shooter-Stein gebaut. Ein Flammen-Element zeigt Cole, wo er die Lunte zünden muss!

- Flammen-Element
- Reißzahn-Elemente vorne zur Abwehr
- Räder sind durch 1x4-Achsenplatte verbunden.

IMMER INS SCHWARZE!

ZIELSCHEIBE

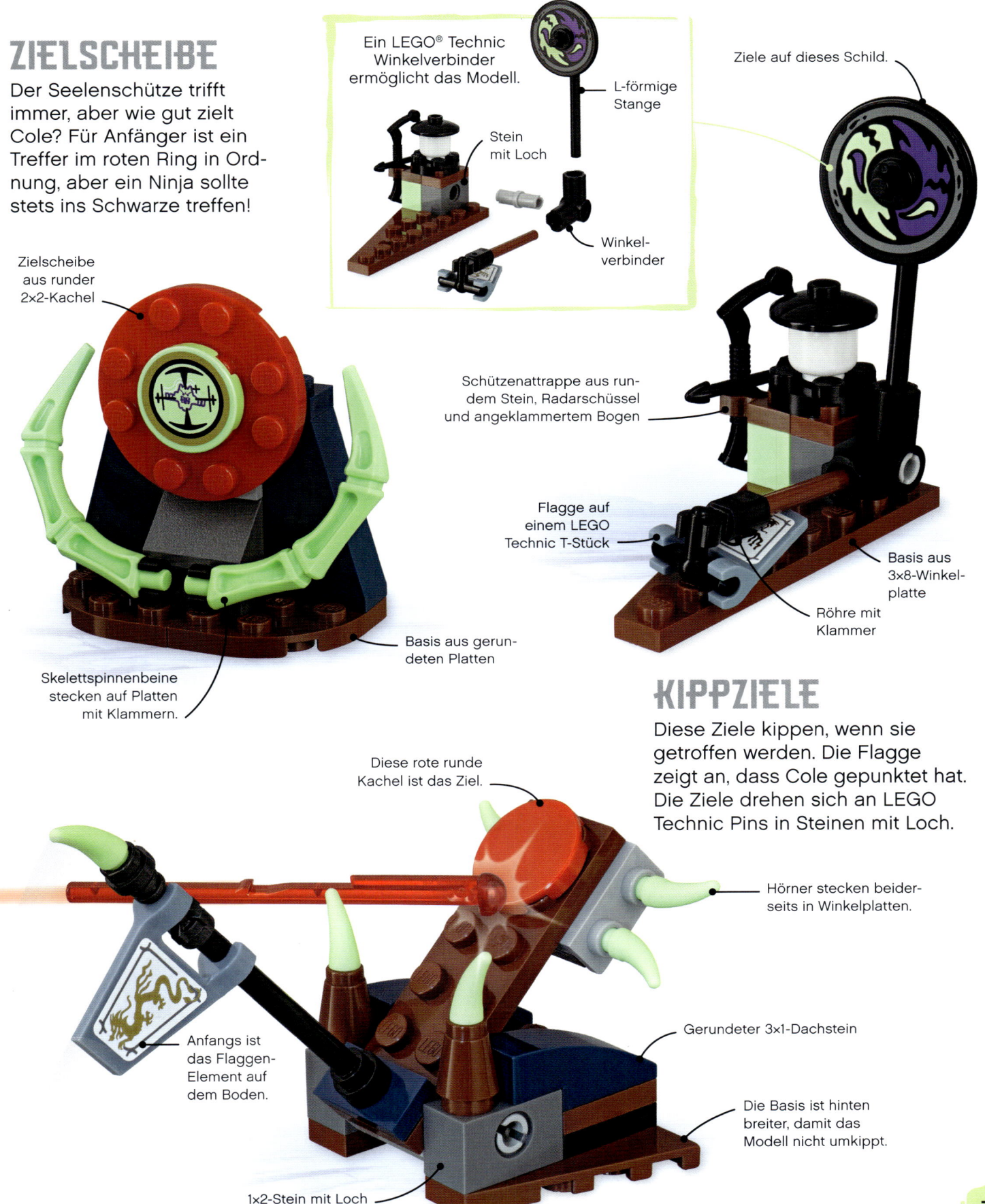

Der Seelenschütze trifft immer, aber wie gut zielt Cole? Für Anfänger ist ein Treffer im roten Ring in Ordnung, aber ein Ninja sollte stets ins Schwarze treffen!

Ein LEGO® Technic Winkelverbinder ermöglicht das Modell.

- L-förmige Stange
- Stein mit Loch
- Winkelverbinder

Ziele auf dieses Schild.

Zielscheibe aus runder 2×2-Kachel

Schützenattrappe aus rundem Stein, Radarschüssel und angeklammertem Bogen

Flagge auf einem LEGO Technic T-Stück

Basis aus 3×8-Winkelplatte

Röhre mit Klammer

Basis aus gerundeten Platten

Skelettspinnenbeine stecken auf Platten mit Klammern.

KIPPZIELE

Diese Ziele kippen, wenn sie getroffen werden. Die Flagge zeigt an, dass Cole gepunktet hat. Die Ziele drehen sich an LEGO Technic Pins in Steinen mit Loch.

Diese rote runde Kachel ist das Ziel.

Hörner stecken beiderseits in Winkelplatten.

Anfangs ist das Flaggen-Element auf dem Boden.

Gerundeter 3×1-Dachstein

Die Basis ist hinten breiter, damit das Modell nicht umkippt.

1×2-Stein mit Loch

SENSENLEKTION

EINE ZWEISCHNEIDIGE GESCHICHTE!

Als Cole den Wettbewerb gewinnt, verschwindet der Seelenschütze. Vor Cole öffnet sich eine Tür zu einem großen Raum, wo der Sensenmeister Ghoultar dem Ninja eine weitere Aufgabe stellt! Diesmal muss sich Cole mit der Sense beweisen!

- Flammen-Element
- Achsenverbinder
- Ein LEGO Technic Achsenverbinder verknüpft Schwanz und Kugelgelenk.
- Gelenkfassung
- Kugelgelenk mit Achse

KLEINER DRACHE

Ghoultars Helfer reitet auf einem Geisterdrachen mit grün glühenden Augen. Durch seine Kugelgelenke können die Flügel schlagen und der Sensenschwanz peitschen.

- Schwanz aus Flammen-Element
- Flügel aus Katanas an Platten mit Klammern
- Grüne Augen aus den Enden von Ketten
- Schnauze aus einer Platte mit Klammer und Platte mit Stange

DEIN NÄCHSTER TEST WARTET ...

LOSFLIEGEN

Jeder Flügel besteht aus einer Platte mit Fassung und zwei Platten mit Klammern zwischen einem gerundeten Dachstein und einer kleinen Winkelplatte.

- Gerundeter Dachstein
- Platte mit Klammern
- Kugel für Fassung
- 2×4-Winkelplatte

Der kippende Boden steckt nur an einem Ende auf LEGO Technic Pins.

2×2-Platte mit Ring unten

4×6-Platte

LEGO Technic Pin

2×1-Stein mit Loch

FASSLAGER

Cole wartet nicht ab, worin die Prüfung besteht. Er schnappt sich eine Sense und schlägt den Pfosten unter den Fässern durch. Sie fallen auf Ghoultar!

IN BEWEGUNG

Transparente grüne Platten in den Fässern als Schleim

Gelenk-zylinder

Die Fässer stehen lose auf glatten Kacheln.

1×2-Stein mit Loch

Der Boden kippt, wenn man den Pfosten entfernt.

Der Pfosten ist beweglich.

BEWEISE DICH, NINJA!

NICHT ZU FASSEN, WIE GUT ICH BIN!

Seiten aus je einem großen Stützpfeiler

Der Pfosten steckt unten in einer Platte mit Loch.

37

KETTENCHAOS

Cole lässt Ghoultar zurück und läuft in den nächsten Raum, wo ein weiterer Geist wartet: der Kettenmeister Wrayth. Wrayth beaufsichtigt einen Hindernisparkour aus Ketten, den Cole bewältigen muss, um das Dojo verlassen zu dürfen.

HÄNG NICHT SO RUM!

Der Kronleuchter ist aus einer Platte mit einem Ring aus Stangen.

- 2×2-Stein mit Pin
- LEGO Technic Winkelverbinder
- Runde Platte mit Loch
- Klauen-Element
- Platte mit Ring aus Stangen

Gelenksteine bringen an den Seiten der Halbbögen die perfekte Schräge.

- 2×4-Winkelplatten
- 1×2-Gelenkstein und 2×2-Gelenkplatte
- 2×6-Platte

Zwei große Halbbögen nebeneinander halten den Kronleuchter.

Der Kronleuchter schwingt von links nach rechts.

Transparenter grüner Kegelstein

Umgekehrter 2×2-Dachstein

ICH BIN ERLEUCHTET!

KRONLEUCHTER

Als Erstes muss Cole sich an einem Kronleuchter über eine Skorpiongrube schwingen! Der Kronleuchter wird auf einen Stein mit einem LEGO Technic Pin gebaut, damit er rundum schwingt.

Die Basis aus Platten hält das Modell stabil.

1x2-Trägerplatte

Gerundete Steine halten den Balken.

Balken oben aus einem 1x16-Stein

Stange mit Noppen oben und seitlich

Große Fels-Elemente als stabile Seiten

Dornen auf Kegeln und Teleskop-Elementen

KETTENSCHWINGEN

Als Nächstes muss Cole von Kette zu Kette springen, um die schleimbedeckten Dornen zu vermeiden! Das Modell wird mit einem 1x16-Stein richtig stabil.

DAS SCHAFFST DU NIE!

Gruseliger Zier-Skorpion

Geisterfackeln brennen neben der Tür.

2x2-Dachstein

1x3-Stein

2x2-Eck-Dachstein

Umgekehrter 1x2-Dachstein

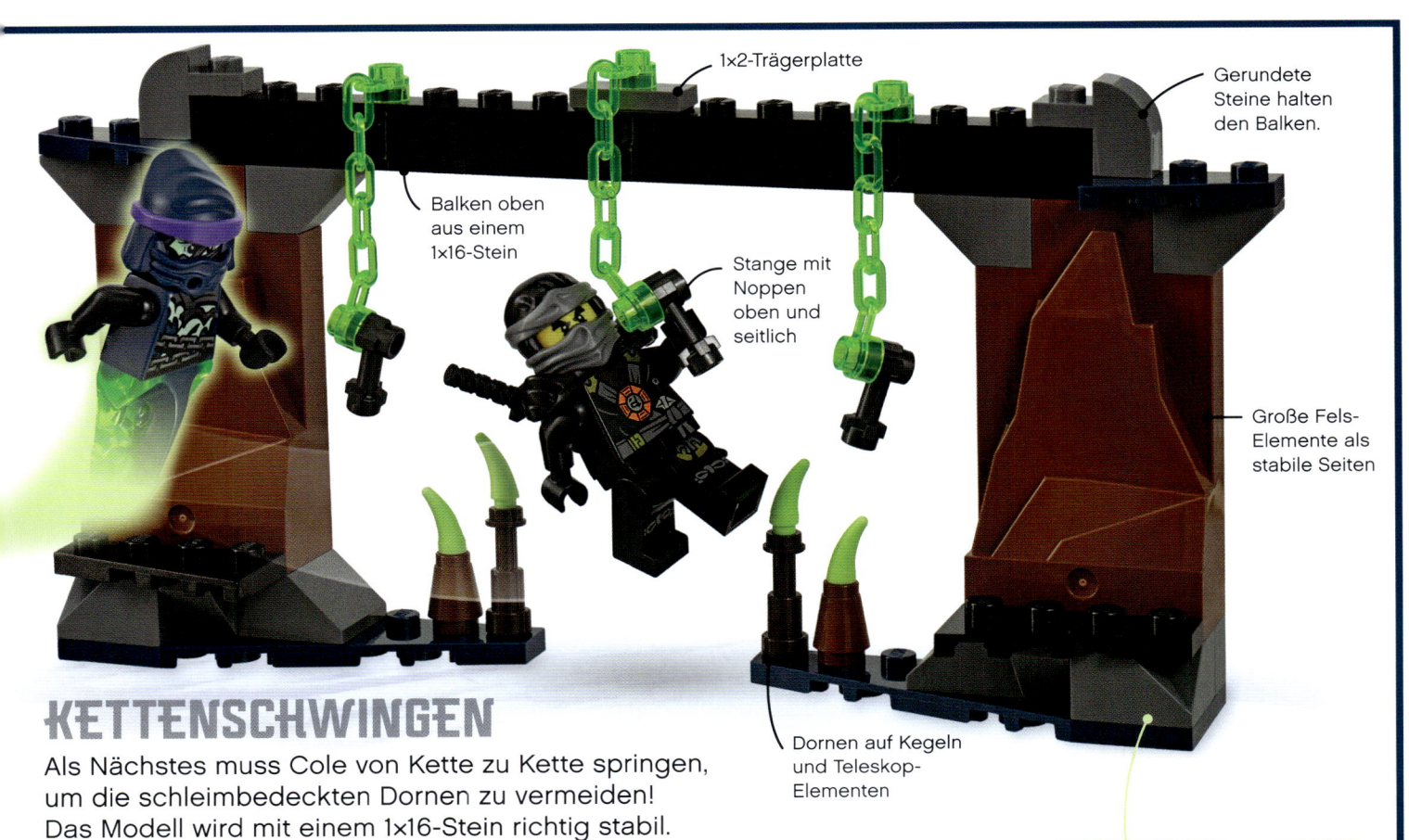

Verschiedene graue Dachsteine bilden zusammen realistische Felsen.

AUSWEG

Sogar die Tür, die aus diesem Raum führt, gehört zum Parkour! Cole muss das Schloss knacken, um zu fliehen. Hoffentlich geht es hier aus dem Dojo!

KLINGENDUELL

Leider gelangt Cole nur in einen Raum mit einer weiteren Prüfung. Hier warten Geisterzuschauer darauf, dass er gegen die Klingenmeisterin Bansha antritt! Stundenlang beharken sie sich. Als Cole gewinnt, verschwinden die Geister – und das ganze Gebäude!

EHRLICH, SO WAR ES!

KLINGENSPIEL

Die Klingen kreisen auf LEGO Technic Pins. Jeder Pin steckt in einem LEGO Technic Winkelverbinder und einer Platte mit Ring oben.

- 1×1-Kegel
- Stange
- Pin
- Winkelverbinder

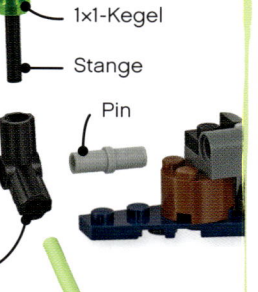

Sai-Dolch steckt auf einem Lichtschwert-Griff.

Bewege die Schwerter mit dem Finger an der Kugel

Leiter steckt an umgekehrtem Antennen-Element.

Was kannst du noch bauen?
- Geister-Imbisswagen
- Siegerpodium
- Klingenwagen
- Pokal

Zaun aus Leiter auf der Seite

Seitliche Platte mit Griff

Diese Katanas bewegen sich aufwärts und abwärts.

Umgekehrte Antenne auf einem Stein mit Klammer

Spinnen machen alles gruseliger!

DUELL-ARENA

Cole und Bansha treten in einer großen Arena an. Die Seiten, an denen die Zuschauer stehen, sind eingezäunt. Riesige Hackklingen halten die Gegner auf Zack!

Die Bereiche rechts und links baut man mit Winkelplatten seitwärts.

2×4-Doppel-Winkelplatte

Gelenkplatte

VON HINTEN

Dächer sitzen schräg auf Gelenksteinen und Platten.

2×10-Platte

Basis aus drei mit Gelenken verbundenen Abschnitten

Seitliche 2×4-Winkelplatte

LOS, GEISTER!

Bansha hat geisterhafte Beine.

WER IST FÜR MICH?

KAPITEL 3:
LUFTPIRATEN

HE! PASS AUF, WO DU HINFLIEGST!
BLIEP!?
SCHON KLAR, COLE, ABER ICH HABE VERDECKT ERMITTELT!

ENTFÜHRT!

Alle Blicke richten sich jetzt auf Jay, der erzählt, wie er einmal die Luftpiraten austrickste. Es beginnt, als er sieht, wie die Luftpiraten Dareth entführen, den Freund der Ninja. Jay verfolgt das Netzschiff der Piraten auf seinem Gleiter, um Dareth zu retten!

FREIHEIT FÜR DARETH!

ZIEHE DEN HUT
Der goldene Schild ist einer von Meister Wus Hüten! Er steckt auf einer runden 1x1-Platte, die mittig auf einer Winkelplatte befestigt ist.

- 1x2/2x2-Winkelplatte
- Wu-Hut-Element
- Langes Kuhhorn
- 1x6-Platte
- Tasse

LUFTIGES DOJO
Dareth macht gerade Pause in einem Freiluft-Dojo, als ihn die Luftpiraten schnappen. Das Dojo ist ein einfaches Modell aus nur 15 Steinen.

- 1x4-Bogenstein
- Teleskop-Element mit Schwert als neue Ausrüstung
- 2x2-Trägerplatte
- 4x4-Platte

DU KOMMST MIT MIR!

HEY, ICH HABE PAUSE!

Eine Kette mit Noppe schließt das andere Netzende.

Ein Knochen schließt ein Ende des Netzes.

Das gefaltete Netz legt sich über die Minifigur.

JAYS GLEITER

Jays Einsitzer ist kaum mehr als ein Motor mit Flügeln! Er muss gar nicht sitzen, er hält sich nur an den Griffen fest und wird hinterhergezogen!

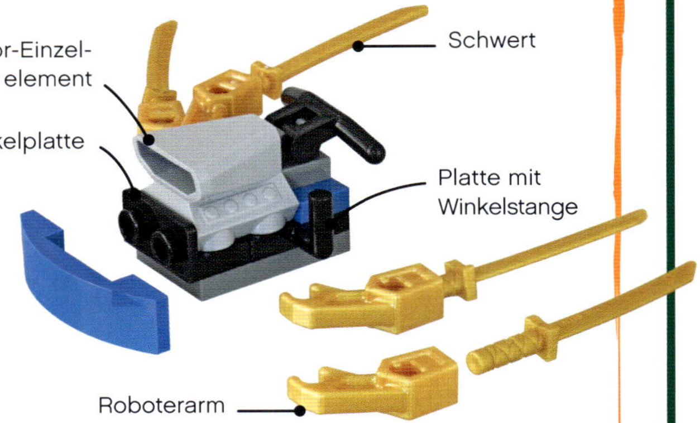

ICH BIN HINTER EUCH!

Jays Hände am Lenker-Element

Gerundeter Dachstein

Motor-Einzelelement

Winkelplatte

Schwert

Platte mit Winkelstange

Roboterarm

Platten mit Winkelstangen kommen an beide Seiten. Die dort mit Klammern befestigten Flügel können jeden Winkel einnehmen.

Schwert-Flügel an Roboterarm-Elementen

PIRATEN-NETZSCHIFF

Die Luftpiraten fangen Dareth in einem Netz, das von einem kleinen Schiff mitgeschleift wird. Es zischt mit riesigen kanonenförmigen Motoren durch die Luft.

Heckflosse aus einem LEGO® BIONICLE® Flügel-Element

Kette an LEGO® Technic Achse mit Noppe

Gelenkzylinder

Gelenkplatte

Die Kanonenmotoren stecken auf zwei Platten mit Klammern oben.

Schiffsbug aus einem Drachenschädel!

Zahnplatte

KAPITÄNSKAJÜTE

Jay folgt dem Netzschiff zur fliegenden Basis der Luftpiraten, dem Luftschiff des Unglücks! Er sucht dort nach Dareth und stößt dabei auf die Kapitänskajüte! Als er jemanden kommen hört, muss er sich unter dem Bett des Kapitäns verstecken!

HELDENTUM MACHT MÜDE!

KAPITÄNSBETT

Der Luftpiratenkapitän Nadakhan bekommt nicht viel Schlaf, aber wenn doch, dann wenigstens mit Stil! Sein großes Bett hat einen Himmel mit einer einäugigen Piratenskulptur.

Spoiler-Element

- 1x1-Kachel
- 1x1-Platte mit Klammer
- Scheinwerfer-Stein

KÖPFENDE

Der Piraten-Schädel oben auf dem Bett hat als Augenklappe eine glatte Kachel und als Hut einen Sportwagen-Spoiler!

ES KOMMT JEMAND!

Bettlaken aus zwei 2x8-Platten

Zaun-Fußteil ist nicht mit der Basis verbunden.

Diese Kurbel öffnet ein Geheimfach!

Basis ist eine 6x8-Platte.

1×6-Bogen

GEÖFFNET

ICH VERKRIECH MICH MAL!

UNTER DEM BETT
Baue den Klapp-Teil des Bettes unabhängig vom Außenrahmen. Er steckt nicht auf der Basis. Die beiden Teile sind nur am Kopfende durch eine LEGO Technic Achse verbunden.

Die Fenster kommen in den beweglichen Teil.

Steine mit Kreuzlöchern bewegen sich mit der Achse.

LEGO Technic Achse

Eine Schicht Steine trennt den Klapp-Teil von der Basis.

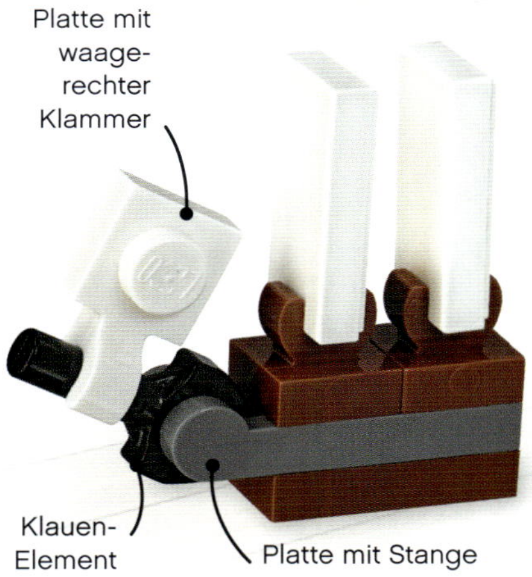

Platte mit waagerechter Klammer

MINI-SCHIFF
Der Kapitän hat in seiner Kajüte ein altmodisches Schiffsmodell. Es hat Segel aus glatten Kacheln und einer Platte mit Klammer.

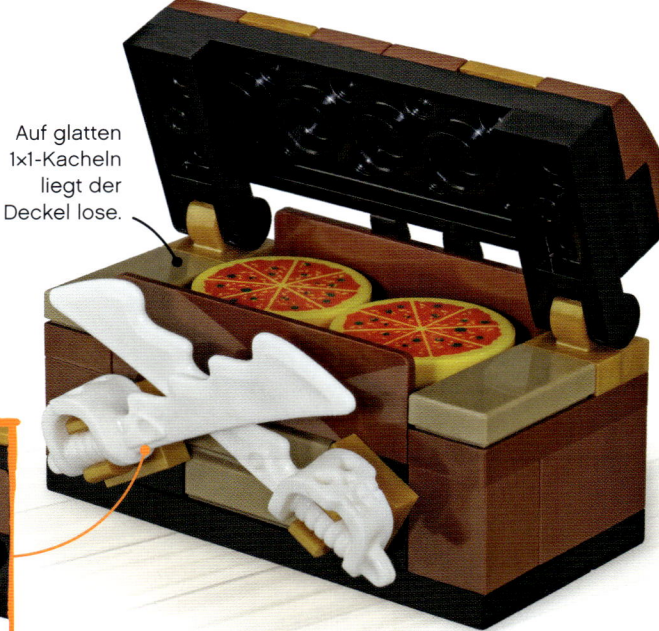

Auf glatten 1×1-Kacheln liegt der Deckel lose.

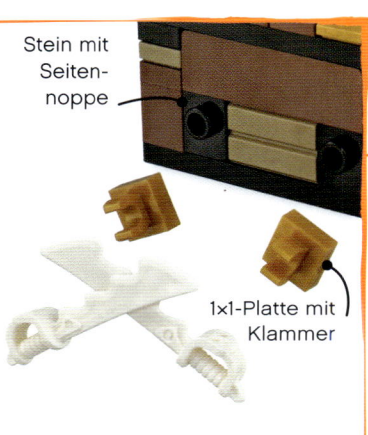

Klauen-Element

Platte mit Stange

Stein mit Seitennoppe

1×1-Platte mit Klammer

Gekreuzte Schwerter stecken mit Klammern auf Steinen mit Seitennoppen.

SCHATZTRUHE
Keine Piratenkapitänskajüte wäre vollständig ohne Schatztruhe. Nadakhan bewahrt darin seinen Pizzavorrat sicher auf!

Was kannst du noch bauen?
- Piratenwecker
- Papageienstange
- Schiffskompass
- Schrank

DARETHS BEFREIUNG

Sobald die Luft rein ist, verkleidet sich Jay ganz genial als Pirat (na ja, mit Augenklappe) und sucht weiter nach seinem Freund. Er findet Dareth gefangen in der Schiffskombüse. Ein wütender Roboterkoch zwingt ihn dazu, Geschirr zu spülen!

ICH SEHE WIE EIN PIRAT AUS!

KOMBÜSENSPÜLE

Eine Kombüse ist eine Schiffsküche und auf einem Schiff wird viel gegessen! Dareth muss immer spülen – vor allem Teller aus kleinen Radarschüsseln.

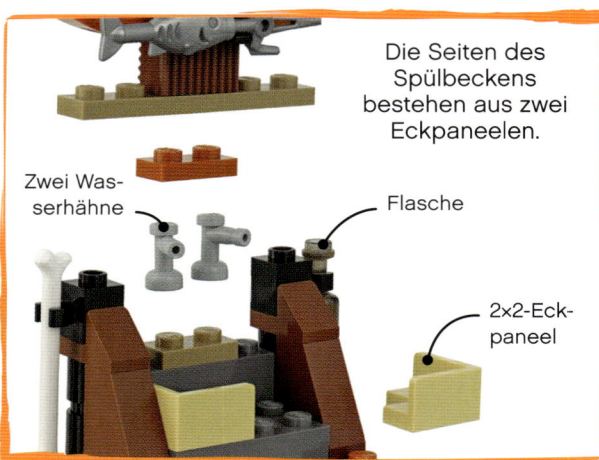

Die Seiten des Spülbeckens bestehen aus zwei Eckpaneelen.

Zwei Wasserhähne

Flasche

2×2-Eckpaneel

Was kannst du noch bauen?
- Kühlschrank
- Messerablage
- Esstisch
- Roboterratte

Umgekehrte gerundete Dachsteine als schöner Türsturz

Tassen und eine Bratpfanne dienen als Zierde.

DA BIST DU JA!

SIE ZWINGEN MICH ZUM SPÜLEN.

Teller aus Radarschüsseln

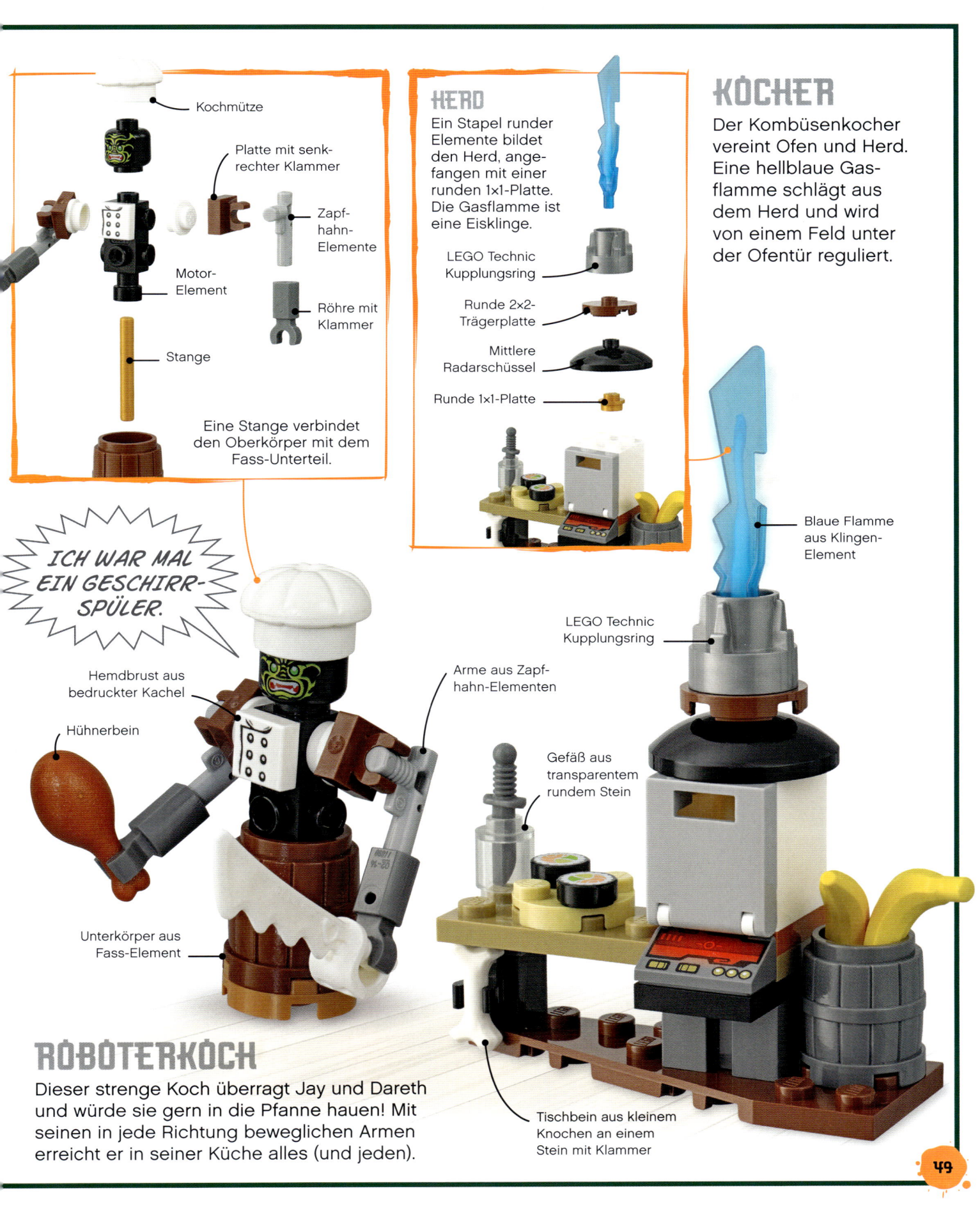

- Kochmütze
- Platte mit senkrechter Klammer
- Zapfhahn-Elemente
- Motor-Element
- Röhre mit Klammer
- Stange

Eine Stange verbindet den Oberkörper mit dem Fass-Unterteil.

HERD

Ein Stapel runder Elemente bildet den Herd, angefangen mit einer runden 1×1-Platte. Die Gasflamme ist eine Eisklinge.

- LEGO Technic Kupplungsring
- Runde 2×2-Trägerplatte
- Mittlere Radarschüssel
- Runde 1×1-Platte

KOCHER

Der Kombüsenkocher vereint Ofen und Herd. Eine hellblaue Gasflamme schlägt aus dem Herd und wird von einem Feld unter der Ofentür reguliert.

- Blaue Flamme aus Klingen-Element
- LEGO Technic Kupplungsring
- Gefäß aus transparentem rundem Stein
- Arme aus Zapfhahn-Elementen
- Hemdbrust aus bedruckter Kachel
- Hühnerbein
- Unterkörper aus Fass-Element
- Tischbein aus kleinem Knochen an einem Stein mit Klammer

ICH WAR MAL EIN GESCHIRRSPÜLER.

ROBOTERKOCH

Dieser strenge Koch überragt Jay und Dareth und würde sie gern in die Pfanne hauen! Mit seinen in jede Richtung beweglichen Armen erreicht er in seiner Küche alles (und jeden).

DUELL AN DECK

Nach der Flucht aus der Kombüse machen Jay und Dareth den Luftpiraten auf dem Oberdeck Ärger! Jay lässt den Mast mit dem Krähennest umkippen und sorgt für Chaos an Deck, während Dareth nach einer Fluchtmöglichkeit für die beiden sucht!

WO IST DIESER NINJA?

ICH HABE EIN GANZ MIESES GEFÜHL.

Krähennest aus einem Zuber-Element

KRÄHENNEST

Die Luftpiraten halten Wache in ihrem Ausguck, dem Krähennest. Es ist oben auf einem hohen Mast, der herunterkracht, wenn man ein Gelenk dreht.

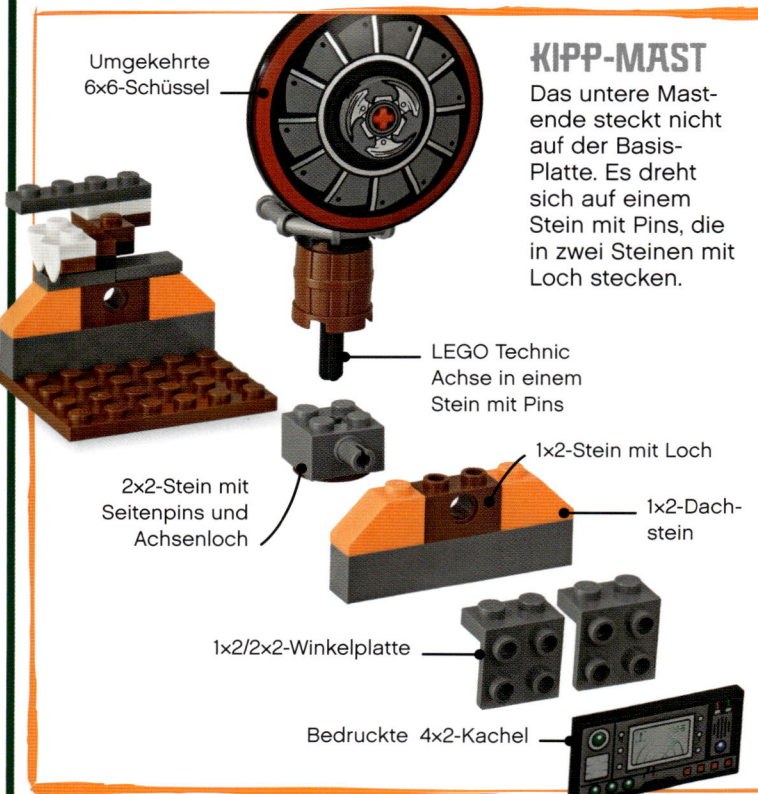

Umgekehrte gerundete Dachsteine wirken wie gereffte Segel.

Propeller aus zwei bedruckten runden Steinen, verbunden über LEGO Technic Achse

Umgekehrte 6×6-Schüssel

KIPP-MAST

Das untere Mastende steckt nicht auf der Basis-Platte. Es dreht sich auf einem Stein mit Pins, die in zwei Steinen mit Loch stecken.

BIN ICH GUT VERKLEIDET?

LEGO Technic Achse in einem Stein mit Pins

2×2-Stein mit Seitenpins und Achsenloch

1×2-Stein mit Loch

1×2-Dachstein

1×2/2×2-Winkelplatte

Bedruckte 4×2-Kachel

6×6-Platte

1×4-Platte

Gelenk beweglich an glatter Kachel

1×12-Platte an 1×1-Platte mit waagerechtem Ring

IN BEWEGUNG

Ein Gelenk-Abschnitt hält den Mast aufrecht – bis du ihn kippst!

1×1-Platte mit Zahn

2×2-Eckplatte

2×2-Gelenkplatte

Der Mast wird stabil durch LEGO Technic Elemente.

Achsenverbinder

Achse

Winkelverbinder

Achsenverbinder

Kurze Achse als Verbindung zum Schild

Pin

POOPDECK

Das Poopdeck ist ein erhöhter Bereich hinten im Schiff. Wie das Krähennest kann man dort gut Wache halten.

DER PIRAT WIRKT VERTRAUT.

Geländer aus gerundeten 4×4-Kacheln

Zieraxt

Basis aus zwei 6×6-Winkelplatten

FURIOSE FLUCHT

Während die Luftpiraten mit der Reparatur des Mastes beschäftigt sind, findet Jay einen kleinen Gleiter, auf dem Dareth flieht. Nun muss nur noch Jay entkommen. Sein gewagter Plan: Die Luftpiraten dazu bringen, ihn aus einer riesigen Kanone zu schleudern!

ZEIT FÜR DEN HELDENHAFTEN ABGANG!

VON HINTEN

Heck auf einem LEGO Technic Achsen-Pin

Schiebe hier zum Zielen

Die Räder baut man aus Scheiben und runden Platten.

Baue den Lauf seitwärts mit Loch für eine LEGO Technic Achse.

LEGO Technic Achse mit Anschlag

1×2-Steine

Runde 4×4-Platte

1×4-Platte

Runde transparent-orange Platte als Lunte der Kanone

Flammen-Element steckt auf Teleskop.

KANONE

In den Lauf dieser Riesenkanone passt ein ganzer Ninja! Sie geht los, wenn man eine lange LEGO Technic Achse von hinten durchschiebt.

ICH SCHWIRR AAAB!

Steuerräder zieren die Seiten der Kanone.

PIRATENGLEITER

Der Anker vorne an diesem Gleiter bildet eine Ramme, um durch Hindernisse zu fliegen. Zwei Hörner wehren Gegner ab und können nach vorne oder hinten zeigen.

> TSCHÜSS, PIRATEN!

Lange Hörner auf 1x1-Kegelsteinen

Anker-Element

Roboterarme drehen sich auf Platte mit Winkelstange.

Flügel aus Bootsrudern

Baue den Gleiter aus zwei Spezial-Platten auf einer 2x3-Platte.

- Motor-Element
- 1x2-Trägerplatte
- 1x4-Kachel
- 1x2-Winkelplatte

Heugabel

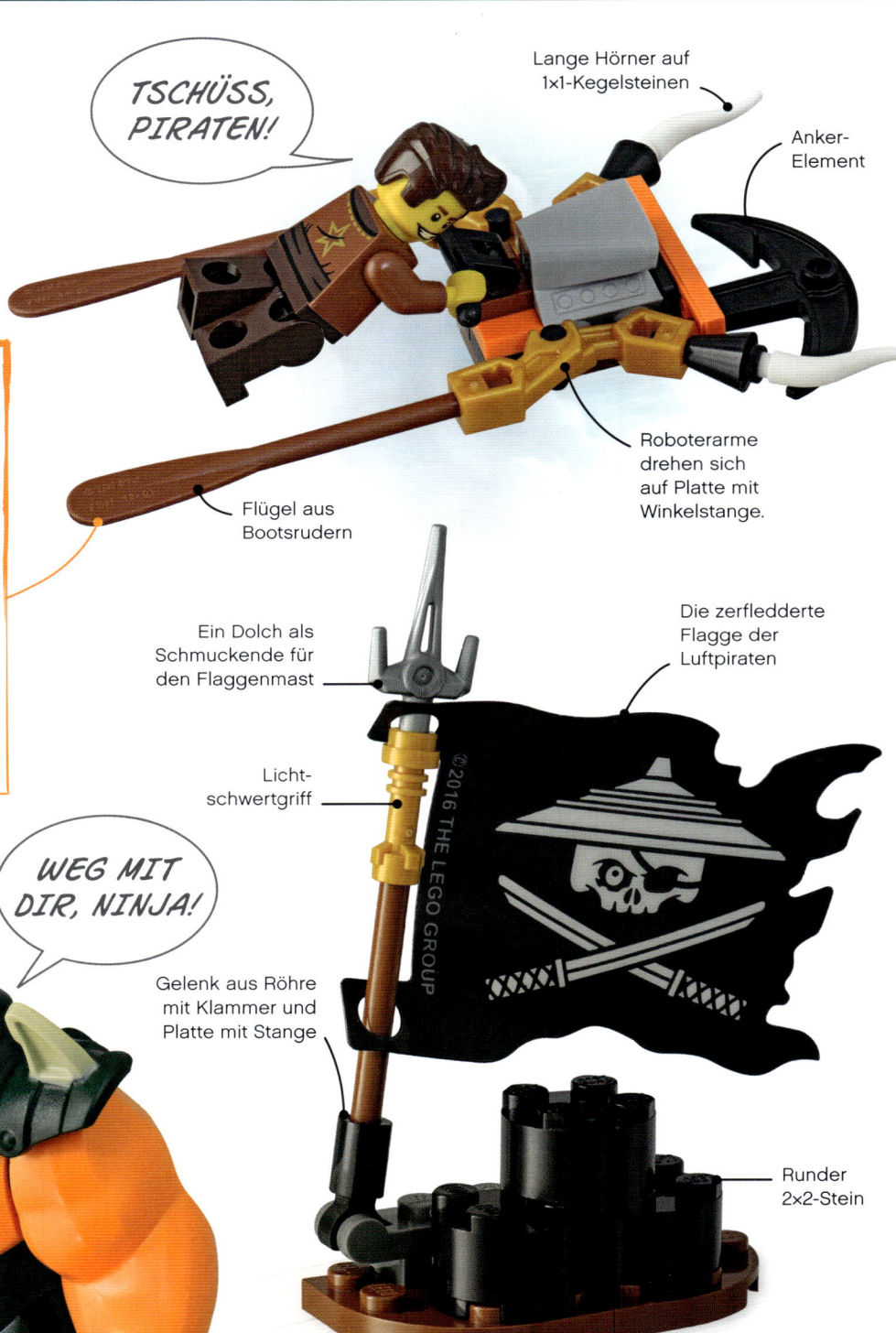

> WEG MIT DIR, NINJA!

Ein Dolch als Schmuckende für den Flaggenmast

Lichtschwertgriff

Gelenk aus Röhre mit Klammer und Platte mit Stange

Die zerfledderte Flagge der Luftpiraten

Runder 2x2-Stein

KANONENKUGELN

Wenn keine Ninja mehr in der Kanone stecken, steigen die Luftpiraten wieder auf Kanonenkugeln um. Einer dieser runden 2x2-Steine passt gut in den Lauf.

53

> EIERT DIE KARRE?

ZZISCH!

KAPITEL 4:
DIE VERMILLION

IST MIR EI-NERLEI!

MEIN BESTER EINSATZ WAR IN EINEM STINKENDEN KANAL!

FIESER FUND

EI, IST DAS AUFREGEND!

Als Nächstes kommt Kais bestes Abenteuer ... Eine Gruppe Archäologen unter der Leitung von Lloyds Mutter Misako findet in einem gruseligen Sumpf riesige Schlangeneier. Als sie merken, dass das kein normales Schlangennest ist, rufen sie Kai über ein Lichtsignal.

MISAKOS BUDDLER

Misako schaufelt mühelos Erdschichten weg, um uralte Schätze auszugraben. Durch die Scheinwerfer sieht sie, was sie gefunden hat, und der Grabarm bewegt sich an Scharnieren.

Runde transparente 1x1-Platte

Scheinwerfer aus liegenden Kochtöpfen

Buddler-Schaufel aus Schiffsturbine

1x1-Platte mit Klammer

Drehe das LEGO® Technic Zahnrad, um zu buddeln.

Platte mit drei Stangen

Kistenwände aus 1x1-Eckpaneelen

2x3-Schild-Kachel

Was kannst du noch bauen?
- Dinosaurierskelett
- Versunkene Ruinen
- Bohrwerkzeuge
- Labor

BUDDLER-BEIN

Die Buddler-Beine sind gerundete Röhren mit Kreuzlöchern. LEGO Technic Achsen mit Pins verbinden sie mit den Seiten und Füßen.

Stein mit Kreuzloch

Gerundete Röhre

LEGO Technic Achse mit Pin

Runde 2x2-Kachel mit Loch

56

MIKROSKOP

Misako und ihr Team studieren mit dem Mikroskop kleine Gegenstände, die sie finden. Es besteht aus nur acht Elementen.

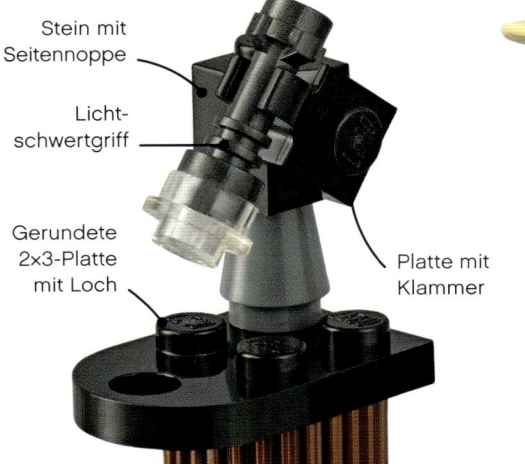

Stein mit Seitennoppe

Lichtschwertgriff

Gerundete 2x3-Platte mit Loch

Platte mit Klammer

Runder Texturstein

ICH DACHTE, DU WÄRST EIN RIESENHUHN!

MYSTERIÖSES EI

Misakos Team wird fies überrascht, als es sich nähert. Ein Ei ist offen und eine Schlange streckt zischend den Kopf heraus!

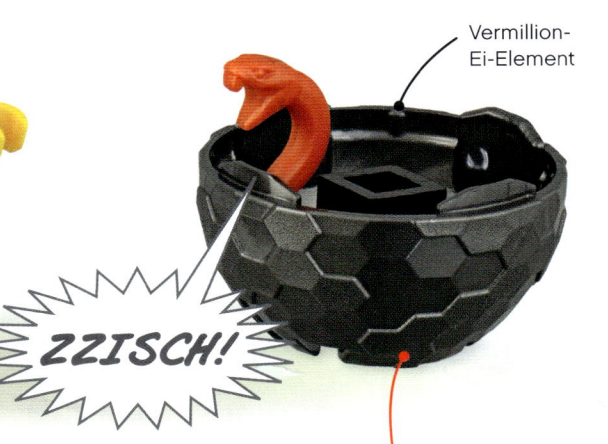

Vermillion-Ei-Element

ZZISCH!

Halbschlangen-Element

Umgekehrter Stein mit Seitennoppe

Ein umgekehrter Stein mit Seitennoppe hält die Schlange.

DAS KAI-SIGNAL

Das Kai-Signal leuchtet rot am Himmel und ist weithin sichtbar. Es lässt sich neigen, damit es in jede Richtung strahlen kann.

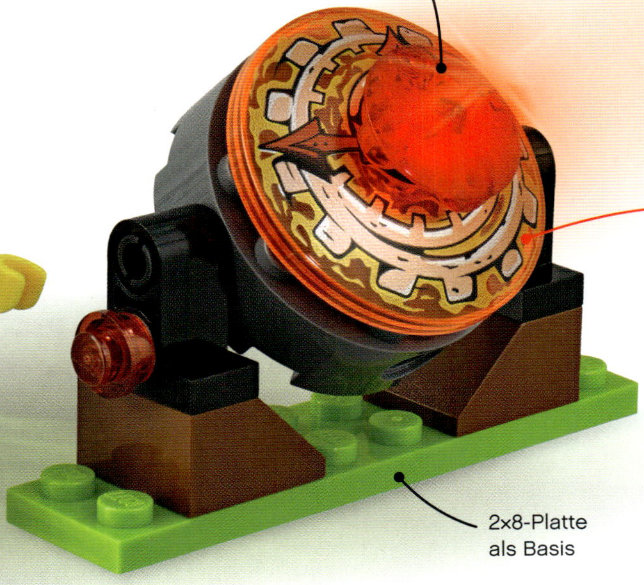

Umgekehrte Gleitplatte

2x8-Platte als Basis

Runde 1x1-Platte mit Blumenrand

Runder 4x4-Stein mit Löchern

Bedruckte 4x4-Radarschüssel

Eine Blumenplatte hält die umgekehrte Gleitplatte.

57

RÄTSEL IM KANAL

ICH SPÄHE NACH SPÄHERN!

Als er sein Spezial-Signal bemerkt, folgt ihm Kai zur Quelle. Im Sumpf findet er weitere Rieseneier und einen Vermillion-Wächter auf einem Ausguck. Kai weiß, wenn die Eier schlüpfen, werden daraus nur noch weitere böse Vermillion!

GEÖFFNET

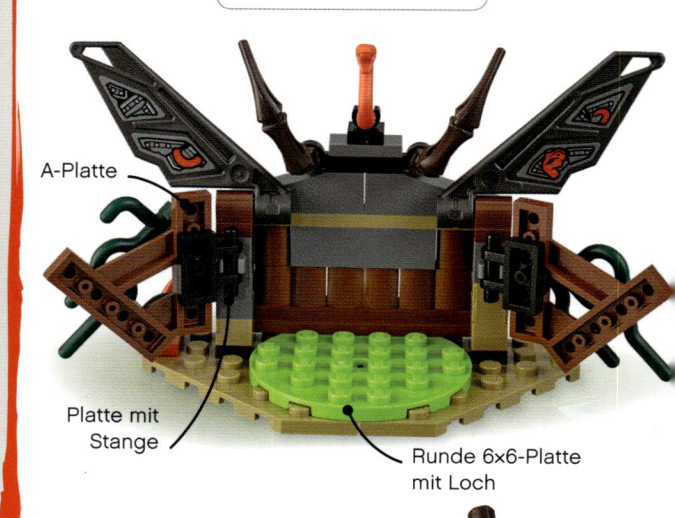

- A-Platte
- Platte mit Stange
- Runde 6×6-Platte mit Loch

- Zierflügel sind mit LEGO Technic Pins verbunden.
- Halbschlange auf Platte mit Klammer
- Spinnenbein-Elemente in Platten mit Ringen

ZISCH!

EIVERSTECK

Kai findet das größte Ei, das am Grund eines verzierten Kanalablaufs unter Ranken versteckt ist. Es ist den Vermillion eindeutig wichtig und Kai wird es im Auge behalten!

- Stein mit Loch
- Horn-Element
- 1×2-Trägerplatte

Die Suppe aus dem Kanalrohr ist an der Basis befestigt.

- Seegras-Elemente auf seitlichen Platten mit Klammern

Was kannst du noch bauen?
- Vermillion-Späh-Flugzeug
- Riesenschlange
- Rostige Geländer

ICH SEHE MEILENWEIT!

ZUM GLÜCK BIN ICH GLEICH HIER!

Hohes Vermillion-Ei-Element

Teleskop aus Teleskop-Element und runder 1×1-Platte

Runder 2×2-Stein

Leiter mit Klammern

Mauer-Texturstein

Runde 4×4-Platte

3×3-Winkelplatte

Ein Stapel verschiedener Steine wird zur Turmruine.

Platte mit Stange

2×2-Eckdachstein

AUSSICHTSTURM
Der Vermillion-Späher blickt von seinem Ausguck über den ganzen Sumpf. Die hohen Seitenwände schützen ihn, und die Leiter wird von einer gruseligen Schlange bewacht!

Platte mit Ring

Stein mit Seitennoppe

HINTER DEM ZAUN
Der verfallene Zaun besteht aus glatten Platten an Steinen mit Seitennoppen. Das Halbschlangen-Element guckt durch eine Platte mit Ring.

SUMPFVERFOLGUNG

Sobald der Vermillion-Späher sieht, wie Kai um die Rieseneier herumschleicht, löst er den Alarm aus. Ein anderer Vermillion rast in einem seltsamen Gefährt mit dem größten Ei davon. Kai springt sofort auf sein Klingen-Bike und verfolgt ihn!

ICH SCHNAPP MIR DAS EI!

Was kannst du noch bauen?
- Sumpfmonster
- Rostiges Vermillion-Sumpfboot
- Ninja-Luftschiff

VON HINTEN

- Stangen-Element
- 2×3-Kachel mit Klammern
- Halbschlangen-Element auf Scheinwerfer-Stein
- Ein LEGO Technic T-Träger verbindet Auto und Anhänger.

EI-TRANSPORTER

Dieses Vermillion-Fahrzeug zieht einen Anhänger mit dem Riesenei. Schlangen winden sich durch die Scheinwerfer und Seitenspiegel, sodass das ganze Fahrzeug sehr gruselig wirkt.

- Frontscheiben-Seiten aus Droiden-Armen
- 4×4-Winkeldachstein
- Platte mit Ring
- Klappbare Tür aus 2×3-Kachel mit Klammern
- Radkästen hintereinander als großer Spritzschutz

JETZT ABER EI-LIG WEG!

ABNEHMBARE ABWEHR

Kais Kanone kann man jederzeit abnehmen. Sie wird von nur zwei Noppen und einem Klappverschluss gehalten.

- Runde blaue 1×1-Platten
- LEGO Technic T-Träger
- Runder Texturstein

VON DER SEITE

- Sechsfach-Shooter
- Kopfstütze aus Platte mit Bögen und 2×2-Dachstein

RADAUFHÄNGUNG

Das große Rad auf Kais Klingen-Bike wird mit LEGO Technic Elementen befestigt. Die sind über Steine mit Kreuzlöchern mit dem Modell verbunden.

- Achsenverbinder
- Achse
- Kurze Achse
- Achsenverbinder mit Ring
- Stein mit Kreuzloch
- Winkel-Achsenverbinder

KAIS KLINGEN-BIKE

Angetrieben durch das große Rad hinten schneidet sich Kais Klingen-Bike mit Riesenschwertern durch das Sumpfunterholz. Der Sechsfach-Shooter vorne lässt sich abnehmen und separat nutzen.

ICH WERDE DIESES EI PELLEN!

- Dieser runde Stein startet den Sechsfach-Shooter.
- Geriffelter LEGO Technic Schlauch als Federung
- Mittlere Klinge auf einem Stein mit Kreuzloch
- Klickzylinder als Ständer sorgt für Gleichgewicht.

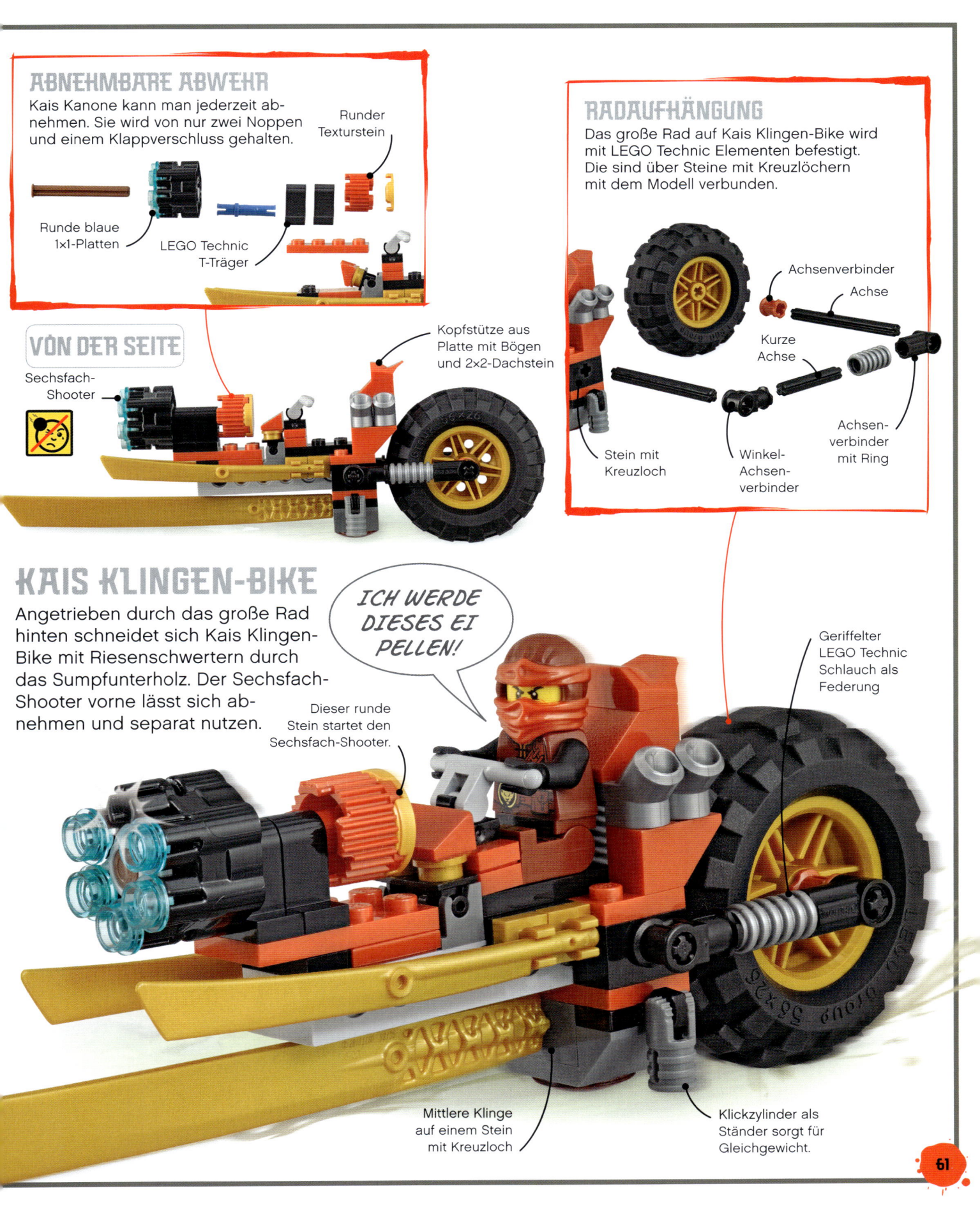

61

BÖSER BAU

Es dauert nicht lang und Kai steht vor dem Bau der Vermillion, wo die Schurken das Ei hingebracht haben. Er besiegt den Vermillion am Eingang und katapultiert das Ei tief in den Sumpf, bevor es Hunderte schrecklicher Vermillion-Schlangen hervorbringt!

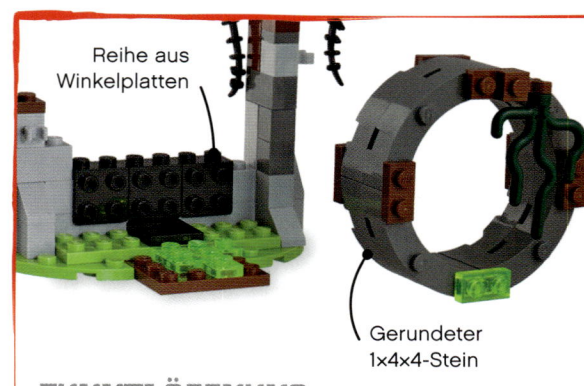

DIE VERMILLION SEHEN ROT!

Reihe aus Winkelplatten

Gerundeter 1×4×4-Stein

TUNNELÖFFNUNG

Baue den runden Zugang auf einer flachen Fläche aus gerundeten 4×4-Steinen und 1×2-Platten. Er kommt seitlich an eine Reihe Winkelplatten.

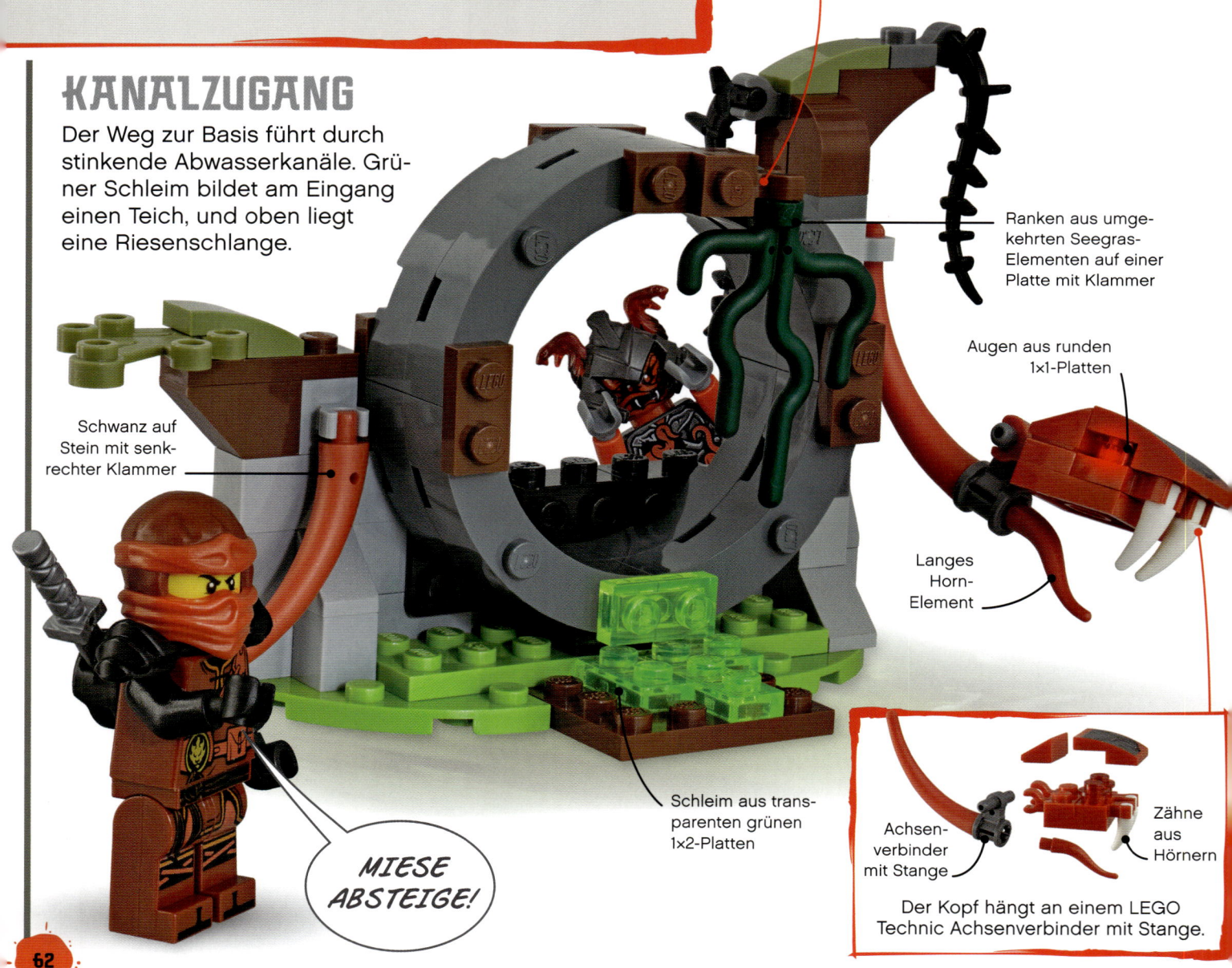

KANALZUGANG

Der Weg zur Basis führt durch stinkende Abwasserkanäle. Grüner Schleim bildet am Eingang einen Teich, und oben liegt eine Riesenschlange.

Ranken aus umgekehrten Seegras-Elementen auf einer Platte mit Klammer

Augen aus runden 1×1-Platten

Schwanz auf Stein mit senkrechter Klammer

Langes Horn-Element

Schleim aus transparenten grünen 1×2-Platten

Achsenverbinder mit Stange

Zähne aus Hörnern

Der Kopf hängt an einem LEGO Technic Achsenverbinder mit Stange.

MIESE ABSTEIGE!

EIER-BASIS

Diese Plattform kippt nach vorne, damit die Vermillion das Ei hinaufrollen können. Aber wenn Kai dem Vorderteil einen raschen Hieb verpasst, fliegt das Ei hoch in die Luft.

Dach aus Minifiguren-Kanu

Rückteil aus einem großen Stützpfeiler

Mauer-Textur-stein

Basis aus zwei gerundeten 6×6-Platten

Halbschlangen-Element

Platte mit Klammer

Die Schlangen oben stecken an Platten mit Klammern.

IN BEWEGUNG

KIPPENDE PLATTFORM

Die Eier-Plattform wird mit LEGO Technic Pins wie eine Wippe befestigt. Verbinde die Pins näher an der Vorder- als an der Rückseite.

4×6-Platte

Platte mit Ring unten

Stein mit Loch

LEGO Technic-Pin

2×6-Platte

In die uralten Mauern sind Blätter gebaut.

DU BIST JETZT RÜHREI!

Drücke hier, um das Ei zu schleudern.

SUPERSCHLANGE

Den Vermillion gefällt es gar nicht, dass ihr Ei im Sumpf versinkt! Ihr Anführer Machia verfolgt Kai in einem riesigen Schlangenroboter, um sich zu rächen. Aber sobald Kai wieder am Shooter steht, muss Machia zum Vermillion-Bau zurückkriechen!

DA WAR JA NOCH DER SECHSFACH-SHOOTER!

Der Hauptteil des Schwanzes wird um Winkelplatten gebaut.

- Winkelplatte
- 2×4-Gelenkplatte
- Seitlicher gerundeter Dachstein

Was kannst du noch bauen?
- Sechsfach-Shooter-Räder
- Roboterkanonenarm
- Ausrüstungslager
- Sumpfpflanzen

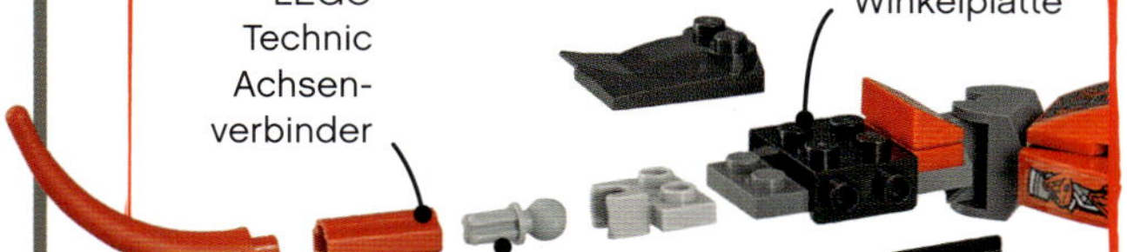

DIESE SCHLANGE IST VIELSEITIG!

Drehe hier, um runde Platten zu schleudern.

- LEGO Technic Achsenverbinder
- Winkelplatte
- Schwanz-Element
- Achse mit Kugel
- Barren-Element

PEITSCHENSCHWANZ
Das Ende des Schwanzes aus einer LEGO Technic Achse mit Kugel und einer Gelenkfassung kann sich in jede Richtung bewegen.

KAIS SECHSFACH-SHOOTER
Diesen Shooter hast du bereits auf Kais Klingen-Bike (siehe S. 61) gebaut. Er wurde auf einer Zielplattform angebracht, um Kai mehr Deckung zu bieten.

Basis aus runder 4×4-Platte

Glatte
1×2-Platte

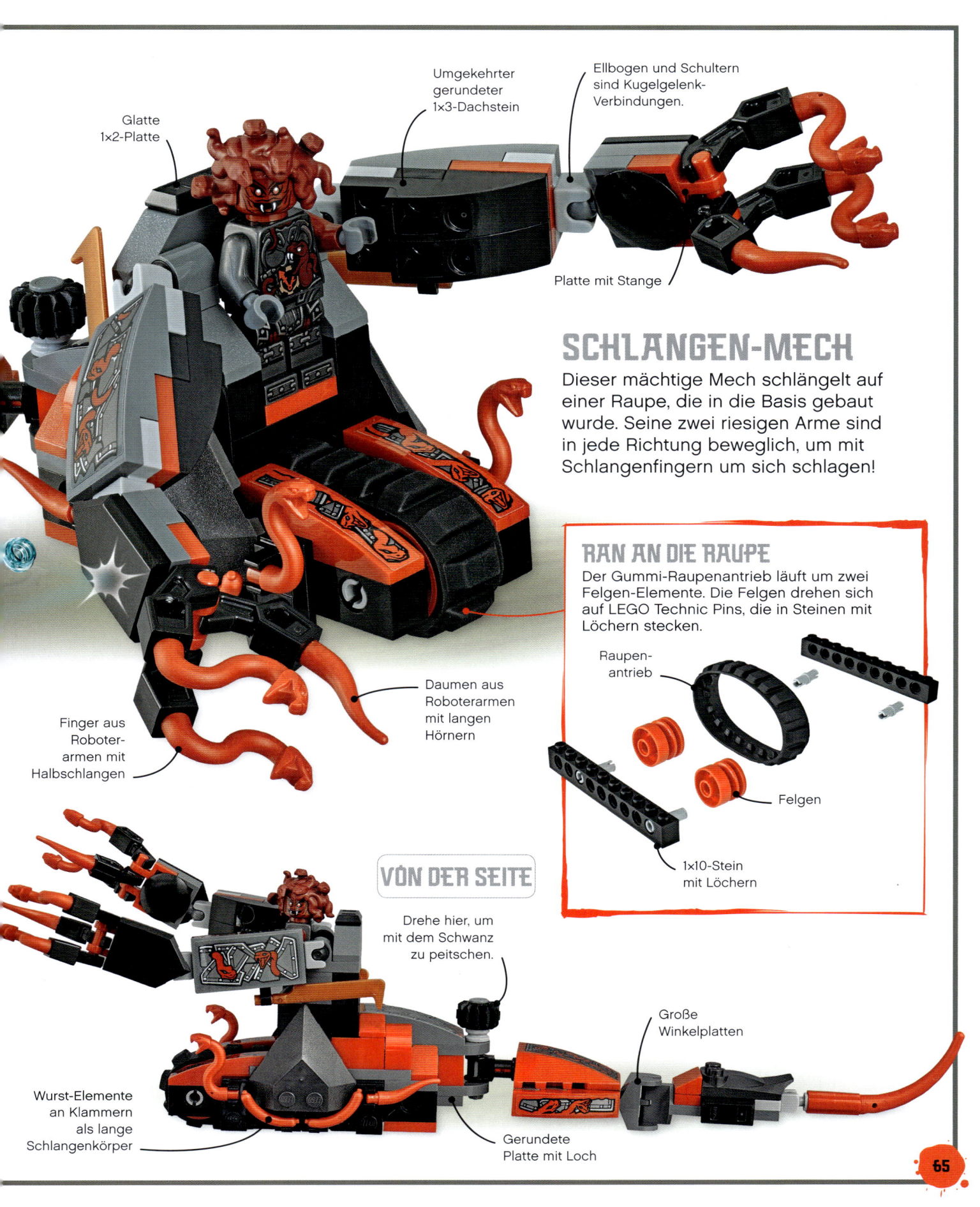

Umgekehrter
gerundeter
1×3-Dachstein

Ellbogen und Schultern
sind Kugelgelenk-
Verbindungen.

Platte mit Stange

SCHLANGEN-MECH

Dieser mächtige Mech schlängelt auf einer Raupe, die in die Basis gebaut wurde. Seine zwei riesigen Arme sind in jede Richtung beweglich, um mit Schlangenfingern um sich schlagen!

RAN AN DIE RAUPE

Der Gummi-Raupenantrieb läuft um zwei Felgen-Elemente. Die Felgen drehen sich auf LEGO Technic Pins, die in Steinen mit Löchern stecken.

Raupen-
antrieb

Felgen

1×10-Stein
mit Löchern

Finger aus
Roboter-
armen mit
Halbschlangen

Daumen aus
Roboterarmen
mit langen
Hörnern

VON DER SEITE

Drehe hier, um
mit dem Schwanz
zu peitschen.

Große
Winkelplatten

Wurst-Elemente
an Klammern
als lange
Schlangenkörper

Gerundete
Platte mit Loch

65

> AUS DEM WEG!

KAPITEL 5:
GARMADONS MOTORRAD-GANG

NOCH EIN KLEINER SNACK?

HE, LEUTE. HÖRT IHR AUCH MOTORRÄDER?

MASKENDIEBE

In der Nudelbar setzt Nya gerade zu ihrer Geschichte an, als sie merkt, dass die Oni-Maske weg ist! Alle rennen hinaus und sehen Garmadons böse Motorrad-Gang damit wegfahren. Nya startet die Verfolgung, um die Maske zurückzuholen!

O NEIN! MASKENLOS!

Dampf aus zwei gerundeten Steinen und einem Schwanz-Element

Essstäbchen liegen in der Schüssel.

Dach aus vier 2×4-First-Dachsteinen

NUDELBAR

Außen ist die Nudelbar fast ganz flach gebaut, nur das Dach und der Balkon über der Tür verleihen ihr Tiefe. Das Schild oben ist eine dampfende Schale Nudeln!

1x1-Kegel zur Zierde

Schindeln auf 2x2-Gelenkplatte mit einer Klammer an einer 1x2-Gelenk-Basis

BARSCHILD
Essstäbchen aus L-förmigen Stangen in Steinen mit Seitennoppen

L-förmige Stange

1x2-Trägerplatte

Stein mit Seitennoppe

1x4-Bogenstein

Bedruckte Fenster

Basis aus zwei 4x8-Platten

Abgeschrägter gerundeter Dachstein

Bike-Front aus zwei abgeschrägten gerundeten Dachsteinen

Stein mit Seitennoppe

Abgeschrägter gerundeter Dachstein

VON HINTEN

Umgekehrte Halbbögen als Dachseiten

ÄTSCH! MASKE GEKLAUT!

Die Oni-Maske liegt hinten.

SÄGE-SPEEDER
Garmadons Motorrad-Gang flieht auf Zweirad-Speedern mit Kettensägen-Shootern vorne! Hinten ist Platz für einen Beifahrer – oder eine gestohlene Oni-Maske!

Kettensägen-Elemente auf 1x1-Ringplatten

1x2-Platte mit Shooter

MARKTTRUBEL

Nya springt auf ihr Bike und rast der Motorrad-Gang nach. Sie flitzen über einen belebten Markt, auf dem viele Imbisswagen umfallen. Einen Wagen hat sich ein Biker von Garmadons Motorrad-Gang geschnappt. Zum Glück saust Nya schnell daran vorbei.

DAS IST KEINE RENNBAHN!

Die Burger liegen auf glatten Kacheln, sodass sie herausfallen, wenn man um eine Ecke braust.

- Bedruckte transparente 1×2-Kacheln
- 1×2-Platten
- Kisten-Element
- Stangenhalter mit Klammer
- 2×2-Sitz

DAS NENNST DU FASTFOOD?

- Federbusch-Element im Ende eines T-Stücks
- Flagge aus 2×3-Kachel mit Klammern
- Burger, gebaut aus umgekehrten runden Platten

DAS DING IST ZU LANGSAM!

- T-Stück
- 1×2-Platte mit Stange

IMBISS-WAGEN

Dieser kleine Wagen fährt Lebensmittel über den Markt. Die Flagge hinten wird genauso mit Klammern befestigt wie die Lenksäule vorne.

Laterne an einem Stein mit Stange

Die Eier sitzen nicht fest.

Radarschüssel

Stein mit rundem Loch

LEGO® Technic Pin

LEGO Technic-Achse mit Noppen-Abschluss

Platte mit Ring unten

Stein mit Kreuzloch

LEGO Technic 90-Grad-Verbinder

KIPPENDE BUDE
Vorne liegt der Tresen auf einer Kachel. Hinten dreht er sich zum Kippen auf einem LEGO Technic Pin und einer Achse.

IN BEWEGUNG

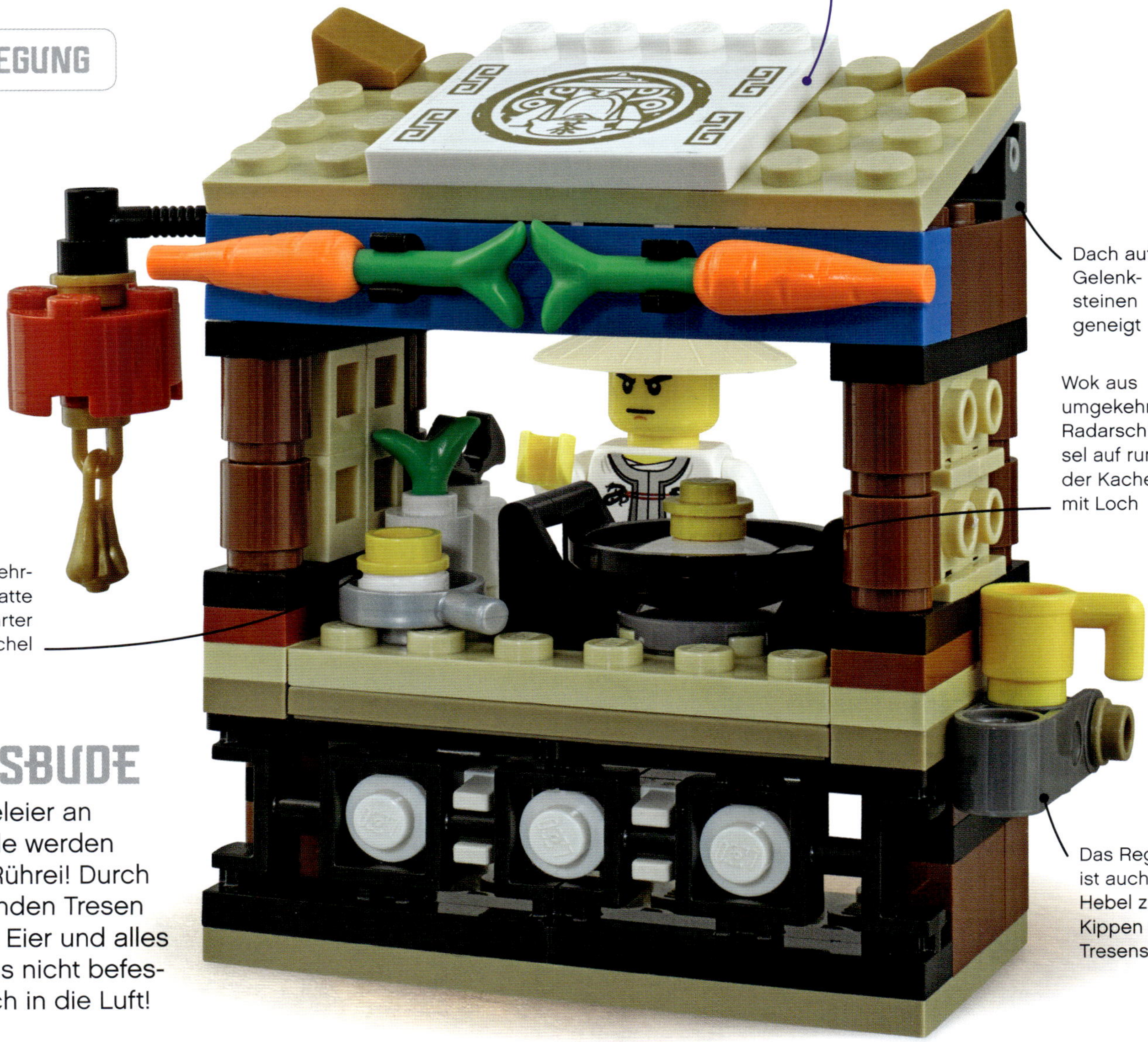

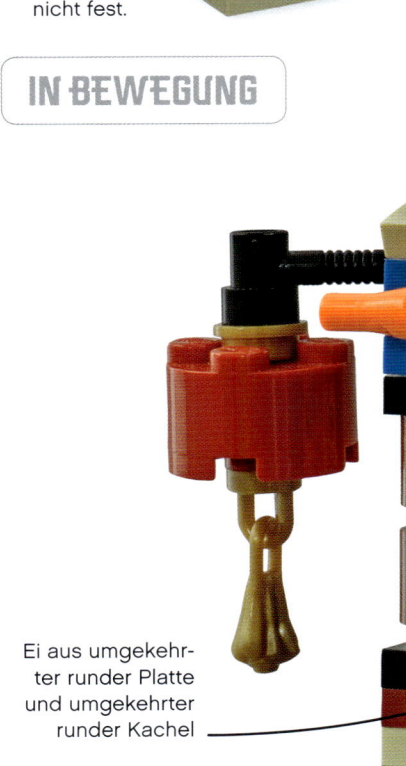

Dach auf Gelenksteinen geneigt

Wok aus umgekehrter Radarschüssel auf runder Kachel mit Loch

Ei aus umgekehrter runder Platte und umgekehrter runder Kachel

Das Regal ist auch der Hebel zum Kippen des Tresens!

IMBISSBUDE
Die Spiegeleier an dieser Bude werden gleich zu Rührei! Durch den kippenden Tresen fliegen die Eier und alles andere, das nicht befestigt ist, hoch in die Luft!

71

AM HAFEN

Garmadons Motorrad-Gang lässt ihre Motorräder am Hafen stehen. Sie überquert das Wasser auf einem riesigen Kran. Nya geht in den Schwebemodus ihres Bikes und zischt hinüber. Auch die anderen Ninja holen auf: Kai rast auf einem Jet-Ski zum Hafen!

ICH MACHE HOHE WELLEN!

Was kannst du noch bauen?
- Angel
- Küstenwache
- Schiffscontainer
- Fischerboot

Über eine Reihe glatter Kacheln gleitet der Kran am Gerüst.

IST DAS EIN JET-SKI?

Seiten aus robusten Stützpfeiler-Elementen

HIER ENTLANG!

2×3-Platte mit Bögen

KAIS JET-SKI

Kais Wasser-Speeder hat Schwerter als Skier, um durch die Wellen zu fegen. Er besteht vor allem aus verschiedenen Dachsteinen und Winkelsteinen, um in Luft und Wasser schnittig zu sein.

Lenker auf einer Platte mit Klammer

Motoren aus Kelchen

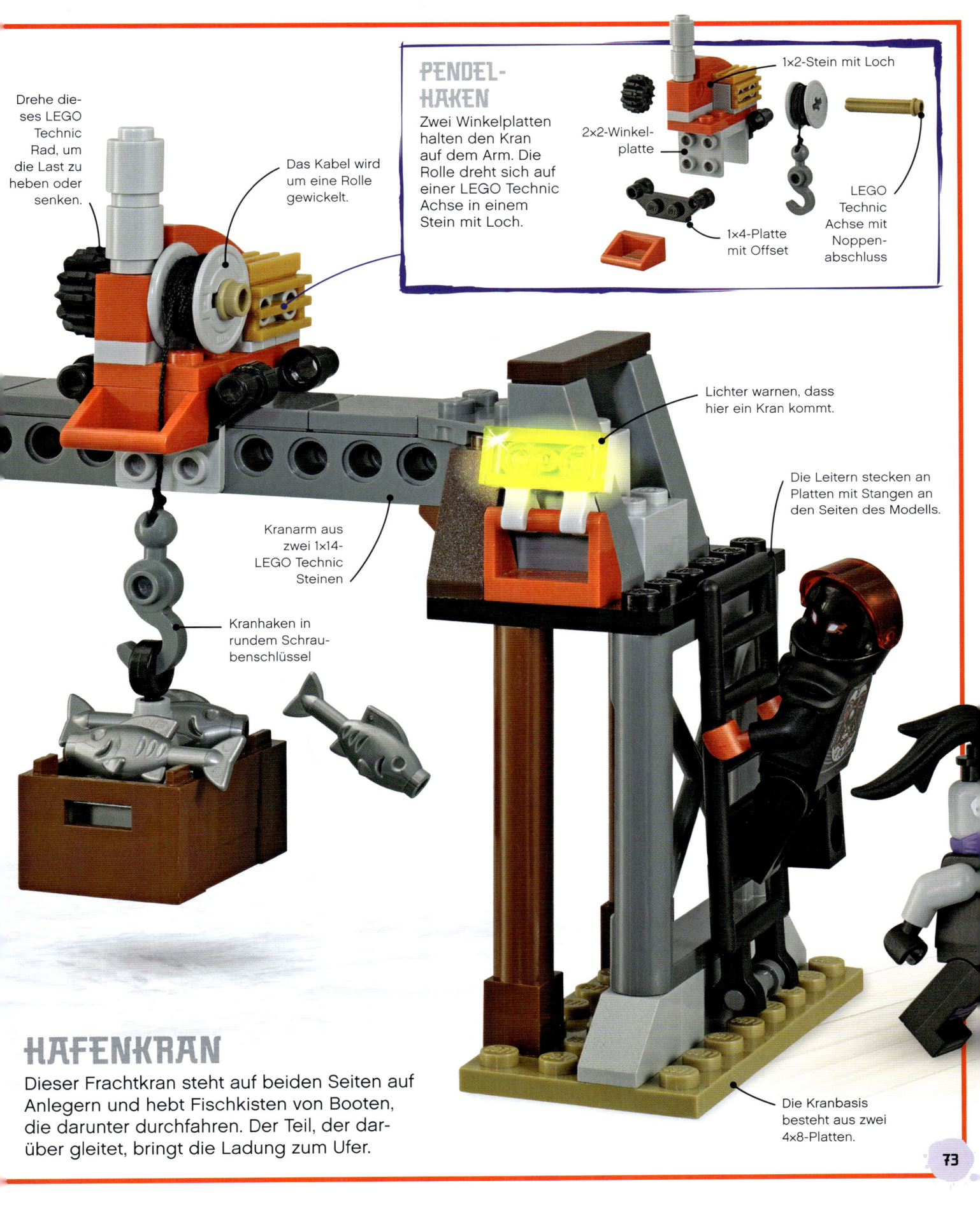

Drehe dieses LEGO Technic Rad, um die Last zu heben oder senken.

Das Kabel wird um eine Rolle gewickelt.

PENDEL-HAKEN
Zwei Winkelplatten halten den Kran auf dem Arm. Die Rolle dreht sich auf einer LEGO Technic Achse in einem Stein mit Loch.

1x2-Stein mit Loch

2x2-Winkelplatte

1x4-Platte mit Offset

LEGO Technic Achse mit Noppenabschluss

Lichter warnen, dass hier ein Kran kommt.

Die Leitern stecken an Platten mit Stangen an den Seiten des Modells.

Kranarm aus zwei 1x14-LEGO Technic Steinen

Kranhaken in rundem Schraubenschlüssel

HAFENKRAN
Dieser Frachtkran steht auf beiden Seiten auf Anlegern und hebt Fischkisten von Booten, die darunter durchfahren. Der Teil, der darüber gleitet, bringt die Ladung zum Ufer.

Die Kranbasis besteht aus zwei 4x8-Platten.

WETTLAUF ZUM ZIEL

Hinter dem Hafen holen Nya und Kai Garmadons Motorrad-Gang in ihrer Werkstatt ein. Cole und Zane veranstalten ein Wettrennen zur Ziellinie der Werkstatt. Nya ist mit der Abwehr des mächtigen Killow beschäftigt. Sie müssen diese Oni-Maske kriegen!

WAS MACHST DU HIER?

ZIELLINIE

Warum ist Garmadons Motorrad-Gang so schnell? Sie haben viel Übung! Sie veranstalten Wettrennen zu dieser Schachbrett-Ziellinie mit der Büste ihres Helden Lord Garmadon.

Eine kleine Radarschüssel als Basis der Büste

Schräge Lichter auf Gelenken aus Platten mit Stangen und Klammern

Die Flamme dreht sich an einer Achse und wird zur Schranke.

COLES JET

Dieser schnittige Flieger ist bis auf die Fass-Motoren flach! Er besteht aus nur 17 Teilen, ausgehend von einer 3×6-Winkelplatte, auf der Cole steht oder sitzt.

Die Fässer stecken seitlich an Steinen mit Seitennoppen.

HURRA, ICH GEWINNE! OH ...

Schwert auf Platte mit Klammer

Beide Flügel sind eine 3×6-Winkelplatte.

Schwarze und weiße Kacheln markieren die Start- und Ziellinie.

ZANES SPEEDER

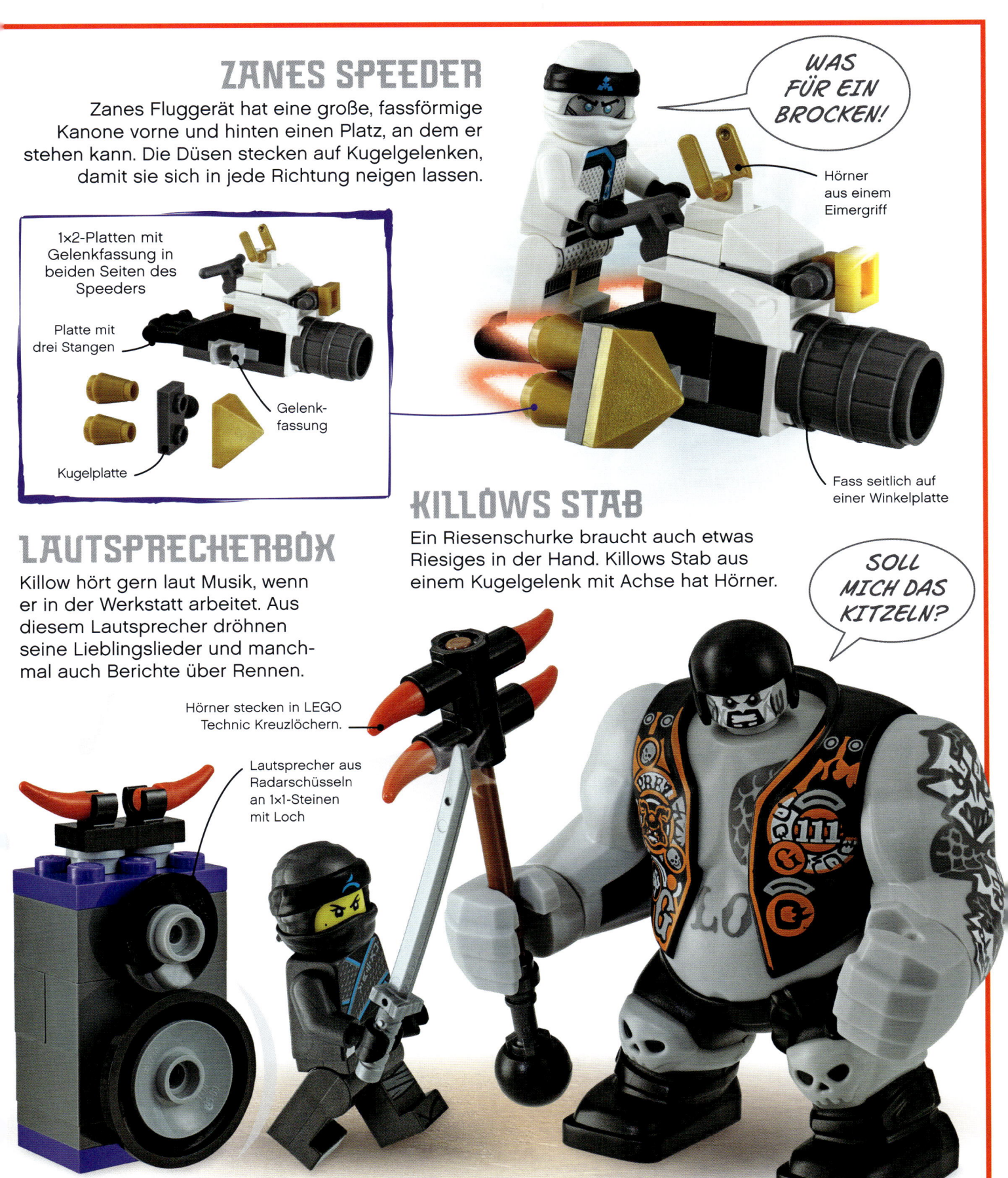

Zanes Fluggerät hat eine große, fassförmige Kanone vorne und hinten einen Platz, an dem er stehen kann. Die Düsen stecken auf Kugelgelenken, damit sie sich in jede Richtung neigen lassen.

WAS FÜR EIN BROCKEN!

Hörner aus einem Eimergriff

1×2-Platten mit Gelenkfassung in beiden Seiten des Speeders

Platte mit drei Stangen

Kugelplatte

Gelenkfassung

Fass seitlich auf einer Winkelplatte

KILLOWS STAB

Ein Riesenschurke braucht auch etwas Riesiges in der Hand. Killows Stab aus einem Kugelgelenk mit Achse hat Hörner.

SOLL MICH DAS KITZELN?

Hörner stecken in LEGO Technic Kreuzlöchern.

LAUTSPRECHERBOX

Killow hört gern laut Musik, wenn er in der Werkstatt arbeitet. Aus diesem Lautsprecher dröhnen seine Lieblingslieder und manchmal auch Berichte über Rennen.

Lautsprecher aus Radarschüsseln an 1×1-Steinen mit Loch

DUELL DER BIKES

Ultra Violet taucht auf einem Drachen-Bike auf und trägt die Oni-Maske. Nur Nya und ihr Hover-Bike können es mit ihr aufnehmen. Sie besiegt Ultra Violet und findet dieses Duell viel besser als das, von dem sie in der Nudelbar erzählen wollte!

OHA, SIE IST MIR EBENBÜRTIG!

Lenker aus Pistolen-Elementen

Klickgelenke

VON HINTEN

ICH BIN DRAN!

DRACHEN-BIKE

Das Drachen-Bike ist ein Dreirad – mit zwei großen Rädern hinten und einem vorne. Der Drachenkopf und die Klauen umschließen das Vorderrad, hinten peitscht ein Schwertschwanz.

2×4-Radkasten

Ein großer Radkasten rahmt die Augen.

Drachennüstern aus offen liegender Winkelplatte

Zähne aus Horn-Elementen auf einer Reihe von 1×1-Platten mit Klammern

LEGO Technic Scheibe

"STELL DICH, NINJA!"

Zahn-Element

Klingen-Element lässt das Bike gruselig wirken.

Horn-Element

Katana-Schwert am Ende, um besonders gut zu peitschen!

Gerundeter Dachstein

2×3-Schild-Kachel

- Katana-Schwert
- 1×1 LEGO Technic Träger
- LEGO Technic Pin mit Kugel
- Platte mit Kugel und Fassung

Schwanz aus Platten mit Kugeln und Fassungen und einem LEGO Technic Pin.

- Platte mit drei Stangen
- Roboterarm

Das Vorderrad auf einer LEGO Technic Achse wird von Achsen-Verbindern mit Ringen gehalten. Die Klauen baut man seitwärts.

WIR HABEN GEWONNEN!

DK | Penguin Random House

Dorling Kindersley dankt Randi Sørensen, Heidi K. Jensen, Paul Hansford, Martin Leighton Lindhardt, Christopher Leslie Stamp, Li-Yu Lin, Kirsten Hørlyck Jørgensen, Peter Lønbæk und Charlotte Neidhardt von der LEGO Gruppe, Elena Jarmoskaite, Gema Salamanca, Lisa Sodeau und James McKeag für Unterstützung im Design sowie Hannah Gulliver-Jones, Joseph Stewart und Rebecca Behrens für die redaktionelle Unterstützung.

Lektorat Victoria Taylor, Paula Regan, Julie Ferris, Simon Beecroft
Gestaltung und Bildredaktion Sam Bartlett, Jo Connor, Lisa Lanzarini
Herstellung Marc Staples, Lloyd Robertson
Text Simon Hugo
Inspirierende Modelle Barney Main
Fotos Gary Ombler

Für die deutsche Ausgabe:
Programmleitung Monika Schlitzer
Projektbetreuung Christian Noß
Herstellungsleitung Dorothee Whittaker
Herstellungskoordination Arnika Marx
Herstellung Evely Xie

Titel der englischen Originalausgabe:
LEGO® NINJAGO® Build Your Own Adventure. Greatest Ninja Battles

© Dorling Kindersley Limited, London, 2018
Ein Unternehmen der Penguin Random House Group
Alle Rechte vorbehalten

LEGO, the LEGO logo, the Minifigure, the Brick and Knob configurations and NINJAGO are trademarks of the LEGO Group. All rights reserved. © 2018 The LEGO Group. Manufactured by Dorling Kindersley, 80 Strand, London, WC2R 0RL, UK under licence from the LEGO Group.

© der deutschsprachigen Ausgabe by Dorling Kindersley Verlag GmbH, München, 2018
Alle deutschsprachigen Rechte vorbehalten
1. Auflage, 2018

Jegliche – auch auszugsweise – Verwertung, Wiedergabe, Vervielfältigung oder Speicherung, ob elektronisch, mechanisch, durch Fotokopie oder Aufzeichnung, bedarf der vorherigen schriftlichen Genehmigung durch den Verlag.

Übersetzung Simone Heller

ISBN 978-3-8310-3611-0

Druck und Bindung Leo Paper Products, China

Besuchen Sie uns im Internet
www.LEGO.com
www.dorlingkindersley.de